Por qué nos gusta la música

Oído, emoción, evolución

Por qué nos gusta la música

Oído, emoción, evolución

Silvia Bencivelli

Traducción de Jorge Rizzo

Rocaeditorial

© 2007 Alpha Test S.r.l.

Primera edición: noviembre de 2011

© de la traducción: Jorge Rizzo
© de esta edición: Roca Editorial de Libros, S. L.

Publicado originalmente en Italia por Alpha Test / Sironi Editore
De acuerdo con Salmaia Lit.

Av. Marquès de l'Argentera, 17, pral.
08003 Barcelona.
info@rocaeditorial.com
www.rocaeditorial.com

Impreso por Egedsa
Roís de Corella, 12-16, nave 1
Sabadell (Barcelona)

ISBN: 978-84-9918-362-6
Depósito legal: B. 33.210-2011

Índice

Introducción 13

PRIMERA PARTE
Capítulo 1: Primeros pasos 25
    De la tradición oral a la escritura 27
    Misterio y oficio 29
    El siglo XIX 31
    Dadme un martillo, o la matemática de la música 34
    Una escala hacia el cielo 37
    Nuevos problemas matemáticos 40
Capítulo 2: Onda sobre onda 42
    Hay que tener oído 43
    El científico del tiempo perdido 45
    Con el piano en la cabeza 48
    Hacia el cerebro 50
Capítulo 3: Estudiar el cerebro musical 52
    Pan para la neurología 53
    Música para tocar 54
    Estrategias de investigación, ayer y hoy 56
    La disposición natural para la música 58
    Música y lenguaje 60
    Los extraños casos de Isabelle Peretz 62

SEGUNDA PARTE
Capítulo 4: Hermano chimpancé, hermana bonobo 67
    Analogías y homologías 68

La octava de los monos 70
Consonancia y disonancia 73
Preferencias musicales: estudios comparativos 76
Estudiantes y tamarinos 78
Barry White y el tiburón perezoso 81
Capítulo 5: *Parole, parole, parole* 85
Cantos de ballena y dúos con el petirrojo 85
Gramáticas de seducción 87
El protolenguaje… 90
… y otras hipótesis 94
¿Una actitud innata? 96
Pentagramas de otros países 100
Capítulo 6: Música para los más pequeños 103
La encantadora de niños 104
Como los mayores 106
Mejor que los mayores 109
El aprendizaje musical de los bebés 111
El primer concierto 113
Recuerdos de un neonato 114
Las mamás del mundo, todas cantantes 116
El *hit parade* de los pequeños 117
La música cansa 119
Cómo arrullar a un niño a distancia 120
Un aglutinante social 122
¿Unir o dividir? 125
¡El flautista de Hamelín no era mágico! 127

TERCERA PARTE
Capítulo 7: Música directa al corazón 131
El poder emotivo de la música 132
El efecto Château Lafite 134
Es difícil de explicar 135
Emociones musicales 137
Bromuro para los oídos 140
La música de todos los días 141
Los circuitos del placer 144
El lugar de las emociones 145
La hipótesis del pastel de nata 149
Capítulo 8: Es otro cantar 153

¿A qué sabe una nota desafinada? 155
La música va por dentro 158
El tango del Che 160
Capítulo 9: El poder de la música 165
Cuando la enfermedad es buena para la música 166
Música de manicomio 167
La terapia 168
Canciones en el pasillo 171
La posología del didgeridoo 174
Capítulo 10: El efecto Mozart 177
Que los niños vengan a mí 177
Pequeños genios de la música 180
Mozart y la inteligencia 183
Efecto Schubert, efecto cuento, efecto caramelo... 187
Moraleja 189

Conclusiones 191

Referencias bibliográficas 195
Índice de nombres 215

A mis abuelos, porque me gusta
mirarlos mientras leen

A Giordano, a quien le gustaba la música
y sabía preguntarse por qué

Introducción

$\mathcal{H}$ace unos años, en un país lejano, un joven periodista con una sincera pasión por la ciencia dio vida a un bulo de verano de gran éxito que decía aproximadamente esto: escuchar las canciones de los Beatles puede provocar el orgasmo; palabra de universidad americana.

Era agosto, un agosto tranquilo sin guerras ni desastres naturales, en el que el problema de llenar las páginas de los periódicos hacía que los redactores en jefe se mostraran mucho más receptivos de lo habitual ante los temas científicos. Pero también era un mes tranquilo para la ciencia: universidades y laboratorios estaban cerrados, los investigadores de vacaciones y las noticias escaseaban.

Un día, el joven periodista pensó en hacer lo que hacen todos los jóvenes periodistas profesionales: ojear la prensa extranjera para buscar la inspiración fuera de sus fronteras. Y así fue como se encontró con una revista francesa de unas semanas atrás que hablaba de un artículo traducido del sueco. El titular era sugerente: «Por qué nos gustan los Beatles». Punto. En el texto, una frase en particular le había llamado la atención: en ella se comparaba la música con el sexo. O al menos eso le pareció. Antes de terminar siquiera de leer el artículo, el joven periodista ya le había propuesto al redactor jefe aquel tema —tal como lo había entendido él—, adjudicándose un buen espacio en las páginas de cultura.

No obstante, tras un nuevo examen, el artículo sueco resultó decepcionante, porque se limitaba a hacer algunas consideraciones obvias sobre el ser humano y la universalidad de la música, así como acerca del hecho de que la música es agradable para todo el mundo y no parece satisfacer ningún fin concreto. Del sexo y de los Beatles no había ni rastro.

El redactor jefe esperaba el artículo y había que encontrar una solución rápidamente. En lo relativo al sexo, se dijo el joven periodista, ya se las arreglaría: al oír hablar de placer muchos lectores probablemente pensarían en ello, como había hecho él. Se trataba únicamente de ser algo explícito y quizás añadir la palabra mágica «orgasmo». Pero en lo relativo a los Beatles la cosa se complicaba más: se trataba de dar una vuelta de tuerca y dar a entender cosas que, en un agosto sofocante y somnoliento como aquel, el joven periodista no tendría tiempo de verificar.

Al final escribió un artículo honesto, sin tomar demasiado partido, y consiguió incluso encontrar a un experto y entrevistarlo. Pero resultaba algo vago y el redactor jefe, que esperaba una explicación científica al éxito de los Fab Four, le dijo que fuera al grano enseguida, desde las primeras líneas. Entonces el joven periodista retomó el artículo y lo modificó: escribió el nombre de un par de universidades americanas y luego, al no encontrar nada específico relacionado con los Beatles, añadió una frase ambigua sobre el hecho de que toda la música nos gusta, pero que la de los cuatro de Liverpool es, «objetivamente», la que más. Y para completar la pieza, un largo listado de éxitos, desde *Yellow Submarine* a *Let it be*.

Lo entregó, esperanzado, pero su superior se enfureció: dijo que quería descripciones de experimentos y afirmaciones precisas sobre el motivo por el que nos gustan los Beatles. Y, una vez más, lo mandó a trabajar.

El joven periodista acabó firmando un artículo incómodo y decididamente ambiguo, si bien, para su consuelo, carente de afirmaciones falsas: cada frase había sido sopesada cuidadosamente y enunciaba sin afirmar y, al menos en teoría, no daba motivos para una querella.

Al día siguiente el redactor descubrió que no había hecho bien las cuentas. Tras diversos añadidos y modificaciones, el artículo había gustado tanto que se había ganado una llamada en la primera página con un breve resumen y una referencia a la página interior donde se encontraba. Y el breve resumen lo de-

14

cía claramente: los Beatles son capaces de hacer alcanzar el orgasmo; de ahí el motivo de su gran éxito. El titular era aún más sintético: «Los Beatles son como el sexo, según una investigación estadounidense».

Y así nació el bulo.

La mañana fue una pesadilla, plagada de un sobresalto tras otro mientras miraba en silencio el teléfono, amenazante: el joven periodista pasó varias horas así, dándole vueltas a la que había liado, preguntándose si habría sido cosa de simple ingenuidad o de escasa profesionalidad y llegando incluso a pensar si no se habría equivocado de oficio. Y por fin el teléfono sonó.

Una voz de mujer que, según decía, estaba muy contenta de conocerle, le invitaba a participar en un programa de radio. En la redacción del mismo habían leído el artículo, les había parecido interesante y pensaban hablar de él en el programa, en directo para todo el país, aquella misma tarde. A aquella llamada le siguieron las de periodistas más veteranos que él que le pedían referencias y las de redactores de otros programas de emisoras musicales que lo querían en directo. Y otra del experto entrevistado el día anterior, el único que le pedía explicaciones sensatas, dado que no recordaba haber hablado de los Beatles ni conseguía encontrar las publicaciones científicas que el joven periodista había citado en el artículo.

Mientras tanto la noticia fue recogida por diferentes medios, desde los informativos de la noche a las revistas de cotilleos. Al cabo de unos días se dejó de hablar de los Beatles; evidentemente, algún periodista más cauto se planteó el problema de la veracidad de la noticia. Pero se siguió hablando de la música: de las hipótesis sobre su existencia en todas las comunidades humanas, a pesar de su aparente inutilidad, y de por qué y cómo es que la música es agradable, tanto para el que la escucha como para el que la produce.

Se había vuelto, pues, al tema del artículo sueco, el que se había traducido al francés y que, de algún modo, había llegado a manos del joven periodista. Y él acabó por preguntarse, aliviado, si en Suecia no habría otro colega que un día se había parado a pensar en un título ambiguo y que, sin pensárselo dos veces, le había vendido a su redactor jefe un artículo sobre Abba y el orgasmo.

15

Por qué este libro

Este libro no tiene las pretensiones del artículo del joven periodista: no intenta demostrar que la música de los Beatles o de Abba sea capaz de llevar a la cima del placer. Puede ser que eso sea cierto en algún caso, pero no es cuestión de generalizar.

Aquí partiremos de nuevo del artículo sueco, intentando explicar lo que dice la ciencia sobre por qué nos gusta la música; lo que hemos aprendido (o lo que creemos saber) sobre los motivos de la existencia de algo aparentemente tan inútil y caro como la música. Efectivamente, la mayoría invertimos mucho tiempo, dinero y energías en escucharla, en bailarla, en comprar discos, entradas a conciertos y, en algunos casos, en aprender a tocarla. No importa si se trata de música clásica o de pop, de reggae, jazz, sinfónica, ligera, de los Beatles o de bailes populares: la música nos gusta, nos emociona, nos excita, nos estimula, y esto le ocurre a todos los seres humanos. Pero no sirve, por ejemplo, para hablar con nuestros semejantes, como la lengua, ni tiene otras ventajas concretas inmediatamente reconocibles. Así pues, ¿podríamos pensar que la música puede tener alguna explicación evolutiva? Es decir, ¿existe algún motivo por el que la selección natural no la haya eliminado y por la que la evolución la ha convertido en algo tan importante en nuestras vidas? ¿Cuál es ese motivo?

Quizás al joven periodista le parecería una coincidencia, pero el orgasmo femenino también dio origen a un debate similar entre científicos (a menudo hombres) que se interrogaron sobre el motivo de la existencia de esta forma de placer del todo inútil para la reproducción y, por tanto, para el éxito de la especie. Las dos cuestiones son, en cierto sentido, muy parecidas, y puede ser que nunca encontremos una respuesta satisfactoria para ninguna de las dos.

En lo referente a la música, actualmente hay grupos de científicos procedentes de disciplinas muy diversas que están realizando grandes esfuerzos: algunos se han puesto a estudiar el cerebro durante la audición de música, otros observan el comportamiento de los neonatos o realizan experimentos complicadísimos con animales a los que se les pone música de todo tipo. Cada uno busca definir su propia ficha del puzle, con la esperanza de llegar a comprender algo sobre el motivo de la música. Obviamente, en estas disciplinas científicas no basta con un experimento o con una observación llamativa para construir o desmontar una teoría, como podría suceder, por ejemplo, con la física. Entre otras cosas, porque no es fácil estudiar las emociones y el placer, conceptos que cada uno de nosotros podría definir de muchos modos y de manera diversa. Por no hablar de la dificultad de establecer analogías con los animales. Pero ello no quita interés a los estudios del cerebro y, desde luego, no desalienta a quienes realizan investigaciones en este campo.

Por decirlo de un modo elegante, estamos en lo que el filósofo de la ciencia Thomas Kuhn definió como «fase preparadigmática» de la ciencia, es decir, aquella en la que nos preparamos para reemplazar los viejos modelos y teorías con algo nuevo: una fase extremadamente fértil y estimulante en la que se trata de definir los problemas existentes y buscar definiciones apropiadas. Cuando esta concluya, tendremos un paradigma científico nuevo, es decir, un marco aceptado por todos los estudiosos del campo, compuesto por conceptos, lenguajes, métodos y teorías en cuyo interior nos moveremos para resolver los problemas planteados: de este modo habremos llegado a la fase de «ciencia normal», que durará mientras no llegue algo que cuestione el paradigma y le dé un vuelco, provocando una revolución científica.

Puede que fuera precisamente el hecho de estar en la fase preparadigmática lo que propició que el bulo del joven periodista funcionara: por ahora hay mucho que contar, y son muy pocos los conceptos seguros de este cuadro. Además, se trata de un campo entre varios terrenos, que implica la participación de diferentes estudiosos —entre ellos también músicos— a menudo relacionados con disciplinas como la física y la informática. Y precisamente la interacción entre científicos y músicos, músicos científicos y científicos con pasión por la música ofrece algunas ideas importantes para la reflexión.

Guía de lectura

Por ejemplo, uno de los temas más candentes es el relacionado con el origen de nuestras preferencias musicales: muchos científicos afirman, precisamente, que la armonía clásica tiene la forma que tiene porque nuestro aparato auditivo y nuestro cerebro presentan cierta predisposición a apreciar mejor determinadas combinaciones de sonidos. Por otra parte hay quien, siguiendo la estela de pensamiento del compositor Arnold Schönberg, sostiene que la música debe evolucionar libre de los esquemas preconstituidos y que es la cultura la que decide nuestras preferencias, y no la biología. Ese es más o menos el tema de la primera parte de este libro. Tras un brevísimo repaso a los testimonios más antiguos y a la formalización de la música (Capítulo 1), en el Capítulo 2 se explica brevemente qué es un sonido y cómo se comporta nuestro aparato auditivo cuando se encuentra con él. En dicho capítulo y en el siguiente entramos en contacto con los primeros científicos que observaron la música al microscopio, que la diseccionaron, la analizaron, la fotografiaron y la midieron. Y que, como científicos que eran, empezaron a trazar las primeras hipótesis sobre las relaciones entre música y lenguaje y entre música y reproducción.

En la segunda parte se habla de animales y de bebés: en los Capítulos 4 y 5 se describen los estudios sobre los gustos musicales de los primates y de otras especies, gracias a los cuales se puede retroceder en la historia del ser humano; en el 6 se ilustran los estudios sobre las habilidades de los niños, que permiten establecer las características innatas de nuestra musicalidad. En estos tres capítulos se examinan también algunas hipótesis sobre la música como aglutinante social: como forma de comunicación entre adultos que se cortejan, entre padres e hijos, o en el seno de grupos con necesidad de afirmar una identidad.

Sin duda la música es un vehículo para las emociones, como se explica en el Capítulo 7. La primera respuesta, la aparentemente más obvia, a la pregunta «¿por qué nos gusta la música?» podríamos resumirla así: nos gusta porque nos da placer. Pero el estudio del origen y de la naturaleza de estas emociones y de este placer les da un valor particular a algunas de las hipótesis presentadas en los capítulos anteriores. En este capítulo y en el siguiente se descubren y se debaten también opiniones disonantes: las de quien sostiene que la pregunta de por qué nos gusta la música está mal planteada, porque esta, como el resto de artes, no tiene ni ha tenido nunca una función determinada. Así que, más que con el sexo, habría que compararla con la pornografía.

El Capítulo 9 se sale un poco del tema y demuestra que, aunque aún no sepamos mucho de la biología de la música, sí sabemos perfectamente cómo disfrutar con ella y qué uso hacer de los placeres que nos da. En el 10 se intenta por fin separar el grano de la paja, tratando de eliminar los equívocos en los que seguramente caería el joven periodista.

Hay que decir, no obstante, que también la autora de este libro es una periodista joven y además imprudente, que con esta obra ha intentado describir un campo de la ciencia en rápida expansión, leyendo libros y artículos, haciendo entrevistas y colándose en congresos casi de incógnito. Nunca ha tenido la pretensión de resolver todas las incógnitas del tema —porque este avanza a una velocidad mucho mayor que la suya— pero, a diferencia de su ambicioso colega, ha intentado sobre todo saciar la curiosidad y, sobre todo, divertirse con ello. Su sincera esperanza es que el lector también se divierta.

Agradecimientos

La idea de escribir este libro nació gracias a una larga serie de encuentros afortunados. El primero con el Máster en Comunicación Científica de la SISSA de Trieste, donde aprendí la diferencia entre una pasión y un oficio. Doy las gracias especialmente a Romeo Bassoli, y él sabe muy bien por qué.

Pero la posibilidad de escribir realmente esta obra se la debo a Martha Fabbri, que ha sabido usar todos los estímulos necesarios durante los dos años de gestación de este libro, y que ha usado incluso la amenaza física en los momentos de mayor desánimo. Agradezco también a Luigi Civalleri sus ánimos, que para mí son todo un halago.

Doy las gracias de corazón a dos personas que me han ayudado más de lo que creen: Massimo Pizzo y Stefano Rotondi. El primero me permitió colarme en un maravilloso congreso organizado en Leipzig por la Fondazione Pierfranco e Luisa Mariani y me presentó a los investigadores que hasta entonces había podido seguir solo por Internet. El segundo me ha evitado numerosos errores y me ha dispensado unos consejos preciosos al leer mi manuscrito con ojos de músico meticuloso. Si aun así el lector encontrara meteduras de pata, que sepa que, inocente de mí, tras el repaso de Stefano seguí escribiendo, así que no es culpa suya.

El manuscrito también lo han releído y comentado mis padres: agradezco el hecho de que se hayan mostrado parcos en felicitaciones y generosos en críticas. A ellos también va dedicado este libro.

Y doy las gracias en particular Carla Marotta, Sandro Starita y Alessandro Costantini, músicos los tres, por su gran disponibilidad en la fase de cierre de las galeradas. Gracias también a Ilaria Caretta.

De la redacción de *Radio3scienza* me han llegado excelentes sugerencias, soplos, consejos y correcciones: Costanza Confessore (que no dejaba de decir que no sabía nada del tema, cuando en realidad sabe muchísimo), Luca Tancredi Barone (que durante un año ha ido recogiendo diligentemente todos los artículos que encontraba y que le parecía que tuvieran algún tipo de relación con la música) y Marco Motta (que, como siempre, al final de cada discusión, me hacía sentir culpable por no haber leído todos los libros que ha leído él).

Agradezco también a Giovanni Spataro que se cuidara de mí mientras escribía.

También doy las gracias a Rossella Panarese, por haberme preguntado mil veces cuándo salía el libro. Me alegra poder darle una respuesta por fin. Y doy las gracias también a los conductores de *Radio3scienza* por los estímulos que me dan cada día. En riguroso orden alfabético: Franco Carlini, Rossella Castelnuovo, Pietro Greco, Fabio Pagan y Elisabetta Tola.

Gracias a los colegas de Zadigroma, con los que he iniciado esta aventura. A ellos, como a los de Radio3, los he llamado «colegas», aunque quizá la palabra más indicada sea «amigos».

Gracias también a mi hermano Lorenzo, por su disponibilidad y su generosidad.

Y gracias por último a mis amigos de Pisa, porque sé que puedo contar con su ironía. Ironía de la que seré objeto una vez más en este caso.

SILVIA BENCIVELLI
Roma, diciembre de 2006

Los Patriarcas hicieron camino cantando por todo el mundo. Cantaron los ríos y las cordilleras, las salinas y las dunas de arena. Cazaron, comieron, hicieron el amor, bailaron, mataron: fueran donde fueren, sus pisadas dejaban un reguero de música.

BRUCE CHATWIN
Los trazos de la canción

PRIMERA PARTE

En el momento en que afrontamos la universalidad
de la música, introducimos los interrogantes
fundamentales y entran en escena los
protagonistas de nuestra historia:
los sonidos, el cerebro y los científicos.

Capítulo 1

Primeros pasos

*E*n diciembre de 2004, en las páginas de la revista *Archäologisches Korrespondenzblatt*, el arqueólogo alemán Nicholas Conard anunció que había encontrado un extraño utensilio de marfil de unos 18 centímetros de largo en las excavaciones de Geissenklösterle, en los montes de Suabia. Se trataba de un objeto roto en 31 fragmentos, de una antigüedad calculada entre los 30.000 y los 37.000 años, elaborado a partir del colmillo de un mamut. Conard lo había reconstruido pacientemente y por fin, emocionado, descubrió que tenía entre las manos una preciosa flauta.

En la época en que se construyó y se tocó aquella flauta, el Paleolítico superior, poblaban Europa dos especies de homínidos: los primeros *Homo sapiens* y sus primos, los hombres de Neandertal, que poco más tarde se extinguirían sin dejar herederos. Los *sapiens* tenían una intensa vida artística y cultural, como reflejan los hallazgos de estatuillas esculpidas en marfil y las pinturas rupestres que aún se pueden admirar en algunas cuevas; quizá también sus primos los Neandertal eran creativos a su modo. Sin duda, tanto los primeros *sapiens* como los Neandertal poseían una gran pericia en el trabajo manual. Para construir la flauta de Geissenklösterle, por ejemplo, tuvieron que abrir el hueso en dos, cortándolo en sentido longitudinal. Luego lo ahuecaron por dentro, practicando tres orificios para los dedos, y por fin encolaron las dos partes entre sí con precisión, reconstruyendo la forma del colmillo.[1]

Para nosotros, la flauta de Geissenklösterle representa un clarísimo testimonio de la producción musical de nuestros antepasados, uno de los más lejanos y refinados que nos han llegado. Existen otras muchas flautas procedentes de la cultura más antigua que se conoce en el Viejo Continente, la que los antropólogos llaman auriñaciense, así como complejos instrumentos de percusión parecidos a xilófonos construidos con láminas de sílex solo un poco más recientes. En conjunto, estos restos arqueológicos cuentan la vida de unas comunidades antiquísimas en las que la música debía de tener un papel muy importante.[2]

Pero si lo que queremos es comprender cuándo nació la música y por qué, basándonos en las excavaciones arqueológicas en busca de los restos de los instrumentos musicales más antiguos que se hayan construido solo obtendremos una idea imprecisa. Flautas de hueso y xilófonos de piedra son objetos capaces de sobrevivir mucho tiempo y de llegar a manos de los arqueólogos hasta decenas de milenios después de que nuestros antepasados los tocaran por primera vez. Lo que no puede decirnos la arqueología es si nuestros antepasados empezaron a bailar al ritmo de instrumentos de percusión hechos de madera, de bambú o de pieles de animales, sin duda más fáciles de construir que los de colmillo de mamut pero que se degradan más rápidamente, sin dejar rastros en las excavaciones arqueológicas. De hecho, es muy probable que la música nos acompañe, no desde hace 30.000 o 37.000, años, que es la edad que tiene la flauta de Geissenklösterle, sino desde mucho antes. En el fondo, para hacer música no hace falta siquiera un tambor de madera ni una caña de bambú: bastan las manos, los pies y la voz.

Así pues, para encontrar los orígenes de nuestra musicalidad es necesario dirigirse también a los neurólogos, a los matemáticos, a los etólogos, a los psicólogos y a los fisiólogos. Hoy en día muchos de ellos contemplan la música con una nueva perspectiva: más que una construcción exclusiva de la cultura patrimonio de los humanistas, empiezan a considerarla un hecho natural. Las pruebas que apoyan esta hipótesis son cada vez más numerosas y, por tanto, es también cada vez mayor el interés de los científicos por el fenómeno del sonido organizado. Naturalmente, para hablar de música no basta con la ciencia: hasta los científicos especializados en biología de la música deben partir de la historia, de la filosofía y de la antropología para encontrar un bastidor en el que pintar su cuadro.

De la tradición oral a la escritura

Todos los pueblos del mundo, hasta los más aislados, tienen formas musicales que parecen haber nacido espontáneamente y en tiempos antiquísimos. Hace unas décadas, antropólogos y musicólogos se pusieron a grabarlas y a estudiar similitudes y diferencias, encuadrándolas cada vez más en el conjunto de los hábitos y costumbres sociales de las respectivas comunidades.

Un primer modo —el más inmediato— de distinguir un tipo de música de otro es describir la relación entre el sonido de los instrumentos y la voz humana. Por ejemplo, desde el punto de vista musical, África se puede dividir en dos zonas separadas por el extremo sur del Sáhara: al norte, siguiendo la tradición árabe, la música se hace con una voz solista en primer plano, mientras que los instrumentos musicales hacen de acompañamiento. En el sur, en cambio, se usan coros, en muchos casos con la forma de la llamada-respuesta (un solista y un coro que repite o responde), acompañados de instrumentos de percusión que repiten esquemas rítmicos breves y complejos, generalmente superpuestos entre sí. Al sur, además, la música se produce en muchísimos contextos sociales diversos, mientras que en el norte está más bien vinculada a la religión o a eventos culturales tradicionales. [3]

Otro factor al que recurrimos para describir los diversos tipos de música es la utilización o no de un sistema de escritura. Nuestro pentagrama, sobre el cual indicamos con una sola señal acompañada de una raya el tono y la duración de la nota, no es en absoluto universal: numerosas culturas usan notaciones diversas, y algunas no emplean ninguna, dejando su producción musical en manos de la memoria.

La posibilidad de escribir la música cambia también el modo de construirla, porque influye en su estructura y en su complejidad, haciendo posible la acumulación de material de un modo prácticamente infinito, sin tener que ceñirse a los límites de la memoria humana. Por otra parte, permite despreocuparse de las circunstancias en las que ha nacido la música y potencia el vínculo con los eventos y los ritos para los que ha sido pensada. Una canción que se plasma sobre el papel puede tocarla cualquiera, prácticamente en cualquier momento: una nana puede convertirse en un ejercicio para un pianista en ciernes y una sonata barroca puede interpretarse hoy mismo, quizás en un moderno auditorio con cómodas butacas. La música, con la escritura, se convierte en algo que tiene un sentido propio y que puede recuperarse en cualquier momento y en cualquier lugar. Y mientras tanto va creciendo, se acumula y llena estantes y más estantes, archivos y CD.

La codificación musical, en definitiva, hace posible que la música tenga una función casi exclusivamente estética. Es decir, para aquellos que la escribimos casi nunca es algo útil de por sí, no tiene un objetivo concreto y específico, sino que es más bien un capricho, un deleite, un placer al que se puede recurrir en cualquier momento.

Por otra parte, el precio de esta infinita capacidad de producción y de acumulación de la música escrita es la necesidad de figuras particulares, la de los músicos, depositarios del saber necesario para decodificar al menos una parte de este material. Así, en nuestro mundo tenemos violinistas, clarinetistas, percusionistas, pianistas, guitarristas y organilleros. Quizá cada uno de ellos toque habitualmente un tipo determinado de música: quien toca sobre todo música clásica difícilmente toca también música rock, ligera, electrónica, punk, blues y jazz. Y viceversa.

Por el contrario, en los casos en que la música no se escribe, sino que cada individuo de la comunidad sabe de memoria lo que necesita para participar en la vida de la sociedad, no existen profesionales. Todo el mundo participa en la producción y en el disfrute de la vida musical del grupo. Sucede también en los países más lejanos, como entre los pueblos africanos que viven al sur del límite meridional del Sáhara. Pero lo mismo sucedía hasta hace poco con nuestra música popular, que se ha ido recuperando, transcribiendo y reinterpretando tras una paciente labor de reconstrucción, como ocurre también con la música relacionada con el tarantismo en el sur de Italia.[4]

Hay que tener en cuenta que nuestro sistema de notación musical nació más o menos en el siglo VIII o IX d.C., pero no se perfeccionó como para permitir la transmisión de una generación a otra hasta hace relativamente poco, mucho más tarde que en el caso de la escritura de la lengua hablada. Los primeros símbolos empleados para representar una melodía fueron los neumas, usados en los manuscritos religiosos del medievo. Se trataba de pequeños puntos o líneas oblicuas dibujados sobre el texto de los cánticos, indicando si ascendía o descendía la línea melódica de músicas ya conocidas por los cantantes, en una especie de recordatorio que les ayudaba a hacer memoria. Después, a partir del año 1000, el monje benedictino Guido d'Arezzo reorganizó la notación musical inventando el tetragrama (antepasado del pentagrama), y dio a las notas los nombres que aún usamos en español, a excepción del *do*. Pero la difusión de la escritura musical ha sido durante mucho tiempo escasa, y limitada a la música sacra y culta: incluso en la cultura europea sigue cubriendo solo una parte de toda la producción musical de nuestra historia.

Misterio y oficio

Este es uno de los motivos de que no sepamos mucho de la historia antigua de la música. Los primeros documentos que han llegado hasta nosotros se remontan más o menos al siglo IV a.C., cuando Platón fundó su Academia y Alejandro Magno conquistó Persia y Egipto. Es probable que en aquellos tiempos la música se transmitiera por vía oral y, por tanto, que quien escribiera algo lo hiciese solo para recordar mejor la melodía en el momento de la ejecución en público, sin ninguna intención de organizar el saber o de transmitirlo a sus descendientes. Por otra parte, también puede ser que las canciones se fueran adaptando continuamente a las circunstancias y que, por tanto, no existiera siquiera la necesidad de repetir una música siempre del mismo modo.

La notación musical más antigua que nos ha llegado es la griega antigua (en dos formas: una para los instrumentos y otra para la voz), y disponemos de rastros de escritura babilonia, egipcia y cretense. No obstante, aun disponiendo de un número más consistente de partituras antiguas, no podríamos reconstruir las músicas que se bailaban en tiempos de Platón o Hammurabi: aquellas notaciones no se hicieron para que las leyeran las generaciones posteriores, no eran más que efímeros recordatorios.

Además, ningún cronista del pasado se preocupó nunca de escribir una historia de la música que nos permita entender cómo y qué tocaban los antiguos, ni manuales de composición que nos expliquen los cánones seguidos por los músicos griegos o romanos. Disponemos de numerosos textos que tratan de la importancia de la música, de su papel en la sociedad y en la educación y de su relieve filosófico; algunos, como los escritos de Platón y Aristóteles, tratan de música indirectamente, otros, como el *Sobre la música*, de Pseudo-Plutarco, están dedicadas por entero al tema. Pero no tenemos documentos comparables, por ejemplo, a *De arquitectura* de Vitruvio, en el que se combinan las referencias teóricas de la composición arquitectónica con indicaciones prácticas para la construcción de obras públicas y privadas. Por otra parte, al tratarse de un arte volátil, no tenemos siquiera vestigios visibles, como son para la arquitectura los teatros, lugares de culto u otros edificios antiguos, cuya estructura aún puede ser observada y estudiada; la música, una vez tocada, desaparece. Todo ello hace que de la música antigua solo podamos hacer especulaciones.

Lo que sí sabemos es que en la Grecia clásica la música se tocaba en ocasiones diversas, y no solo religiosas —como sí ocurría en el antiguo Egipto y en Mesopotamia—, y que se distinguía claramente la música sacra de la profana, distinción que ha llegado hasta nuestros días. Pero en la Grecia clásica, como en el resto de culturas antiguas, parece realmente que no existía una palabra que indicara lo que nosotros entendemos por música. En griego, la palabra *mousiké* significaba, genéricamente, el arte de las musas, de modo que comprendía también danza y poesía. Para los antiguos griegos, el músico no era el que tocaba instrumentos musicales, sino el ciudadano educado en las artes y en las ciencias, es decir, formado de un modo armonioso; al menos hasta que apareció la figura del aedo homérico, que componía la música y las palabras de las sagas épicas.

Incluso en épocas posteriores, la naturaleza volátil de la música y la falta de testimonios escritos hacen difícil hablar de ella. Según algunos autores, el problema es que la música de la tradición occidental siguió un recorrido muy particular en la historia, ocupando un papel secundario a otras actividades de la mente y del espíritu.

Hasta el siglo XIX la historia de la música no ha dejado de ser, de hecho y de derecho, una historia separada de la historia de las otras artes. Debido a una antiquísima tradición, que se remonta a los tiempos de la Grecia clásica, la música ha sido siempre considerada por los más diversos motivos como un arte dotado de poca o nula capacidad educativa en relación con la poesía [...].[5]

Efectivamente, la música tiene el defecto de requerir de una altísima especialización técnica para su producción, y de un intérprete que la lea y la ejecute. Es decir, que no es un arte que pueda desarrollar en solitario cualquier persona culta y sensible, ni en su fase de concepción ni menos aún en la de ejecución. Y no solo eso: al menos hasta el nacimiento de la música instrumental —para lo que hubo que esperar al siglo XVI o XVII—, tenía casi exclusivamente la función de acompañamiento de la poesía.

> Por tanto, la especificidad a la que se ve condenada la expresión musical ha sido con frecuencia también la causa, particularmente en el pasado, de que se la haya degradado al nivel de oficio: desde el momento en que en la música la dimensión práctica parece prevalecer sobre la conceptual o artística, no sorprende que, ya desde la antigüedad griega e incluso hasta muchos siglos más tarde, en la Edad Media o en el Renacimiento, hacer música haya sido considerado una actividad servil e indigna del hombre libre y culto.[6]

El siglo XIX

Las cosas empiezan a cambiar en el siglo XIX con el pensamiento romántico, cuando se aprecia la capacidad de la música de comunicar incluso sin palabras, hasta el punto de que la situación se invierte y pasa a ser considerada la más noble de las artes. Así, el arte de los sonidos pasa de ser la cenicienta de las musas a ser la reina, incluso en el ámbito filosófico y literario. Para Giacomo Leopardi, por ejemplo:

> Las demás artes imitan y expresan la naturaleza, y de allí extraen el sentimiento, pero la música solo imita y expresa directamente el sentimiento, que extrae de sí mismo y no de la naturaleza, y lo mismo hace el oyente. Por eso Staël dice: «De todas las bellas artes es (la música) la que actúa de un modo más inmediato sobre el alma. Las otras la dirigen hacia una u otra idea, mientras que solo esta se

31

dirige al origen íntimo de la existencia y cambia completamente su disposición interior».[7] La palabra en la poesía, etc. *[sic]* no tiene fuerza suficiente para expresar la vaguedad e infinitud del sentimiento, y solo lo hace aplicándose a unos objetos y, por tanto, produciendo una impresión siempre secundaria y menos inmediata, porque la palabra, al igual que los signos y las imágenes de la pintura y la escultura, posee una significación determinada y finita. La arquitectura, en este sentido, se acerca un poco más a la música, pero no puede tener la misma rapidez e inmediatez.[8]

Para el filósofo alemán Arthur Schopenhauer,

La música, que va más allá de las ideas, es completamente independiente del mundo fenomenal; lo ignora del todo y podría de algún modo seguir existiendo aun cuando el universo no existiera, algo que no puede decirse de las otras artes.[9]

En una carta sobre la *Carmen* de Georges Bizet, Friedrich Nietzsche —gran conocedor de la música, además de pianista y compositor aficionado— escribió:

¡Una obra así nos hace perfectos! Al oírla nos convertimos nosotros mismos en una obra de arte [...]. ¿Alguien se ha dado cuenta de que la música torna libre el espíritu, da alas al pensamiento? ¿Y que nos volvemos tanto más filósofos cuanto más nos volvemos músicos?[10]

En ese momento histórico la música deja de ser patrimonio exclusivo de los que la practican y se convierte en algo de lo que todo el mundo puede hablar, incluso los profanos. Mientras tanto, en el ámbito estrictamente musical empiezan a romperse las reglas formales que hasta entonces imponían a los compositores seguir con ciertos esquemas y estructuras, y se abren las puertas a nuevas formas de experimentación en las que la música supera sus propios confines y se mezcla con otras artes. Y también se sitúa en el centro de un programa de reestructuración del arte —sobre todo de la mano de Richard Wagner— que se plantea como objetivo la creación de una obra total, fruto de la fusión entre música y poesía.

No solo eso: nace también por fin una reflexión profunda

sobre la música, sobre su papel en la sociedad, sobre su estética. Y asimismo la historia de la música y su evolución se convierten en objeto de investigación científica. Es entonces, en la segunda mitad del siglo XIX, cuando se empieza a plantear por qué el ser humano, a diferencia del resto de animales, cultiva una pasión especial por los sonidos «inútiles» de un baile popular o de una sonata para violín y piano.

La primera respuesta llega en el año 1871, y la firma Charles Darwin:

> Cuando hablamos de selección sexual vemos que el hombre primitivo —o mejor dicho algún antepasado remoto de este— probablemente utilizó su voz por primera vez para la fonación de verdaderas cadencias musicales, es decir el canto, como hacen algunos gibones en la actualidad. Podemos concluir, a partir de una analogía muy generalizada, que esta habilidad habría sido utilizada especialmente durante el cortejo sexual, para expresar diversas emociones como el amor, los celos, el triunfo, y también como muestra de desafío hacia los rivales. Es probable, por lo tanto, que la imitación de exclamaciones musicales mediante sonidos articulados haya dado paso al uso de palabras para la expresión de diversas emociones complejas. [11]

Para Darwin, pues, la producción de sonidos «cantados» habría precedido y provocado la aparición del lenguaje. Y la evolución sexual habría reforzado las habilidades musicales de nuestros antepasados, transformándolas en un medio de comunicación en sí mismo. Una idea parecida sobre las relaciones entre música y lenguaje fue la esbozada por el filósofo y pedagogo suizo Jean-Jacques Rousseau. En cambio, eran contrarios a esta hipótesis el ilustrado francés Denis Diderot y el filósofo británico Herbert Spencer, que afirmaron que había sido la música la que había derivado de la palabra.

En esta época aparecen también los primeros estudios sobre la fisiología del oído, y hay quien se pone a estudiar el oído de los cangrejos y de las ovejas para llegar a entender cómo se perciben los sonidos y cómo los reconoce dicho órgano. En último término están los físicos, que más o menos en ese momento de la historia discuten sobre las características de los sonidos: ¿son cadenas de pulsaciones u ondas? En este campo, los dos contendientes fueron los físicos alemanes Georg Simon Ohm, que defendía la naturaleza ondulatoria del sonido, y August Seebeck, para quien el sonido consistía en una serie de pulsaciones de forma arbitraria. En aquel momento se llevó el gato al agua Seebeck, con un experimento que parecía contradecir la teoría de su rival, y Ohm se vio obligado a reconocer que estaba equivocado. Pero posteriormente la historia daría la razón a este y a sus ondas.

Para muchos estudiosos del siglo XIX la música era un lenguaje autónomo de la poesía que había que explorar aplicando cánones propios: en muchos casos con los métodos de la ciencia y en particular de la matemática. No obstante, para entender cómo nacieron estas ideas es necesario dar un salto atrás en el tiempo. Un salto de más o menos veinticinco siglos que nos lleva a la antigua Grecia, a la casa del que es considerado como el primer teórico de la música en el mundo occidental: Pitágoras.

Dadme un martillo, o la matemática de la música

Pitágoras fue el primero que consiguió ver formas de tipo matemático en los intervalos musicales. Se dio cuenta de que la relación entre dos sonidos diferentes podía describirse como una relación entre números enteros: 1/2, 2/3, 4/5, etcétera. Y el motivo lo explica una leyenda.

El filósofo sirio Jámblico nos la hizo llegar: [12] un día, por casualidad, Pitágoras oyó cómo un herrero golpeaba el metal en su taller con martillos de diferente peso. Se detuvo a escuchar y se dio cuenta de que los sonidos producidos eran diferentes entre sí, según el peso del martillo. Y que la superposición de los mismos, a excepción de la obtenida con un martillo que no combinaba con ningún otro, resultaba armónica, es decir, sonaba bien al oído. Entonces Pitágoras entró en el taller y se puso a analizar los martillos. Se dio cuenta de que los pesos de los que sonaban bien de forma combinada eran uno el doble del otro, uno el triple del otro, etcétera. El peso del martillo que sonaba mal en combinación con los demás, en cambio, no cumplía aquella propiedad.

Dice también la leyenda que Pitágoras reaccionó con gran estupor ante aquel descubrimiento, picando sobre el hierro con gran entusiasmo y vehemencia, una y otra vez, con parejas de martillos diversos. Desde luego, el herrero se sorprendería al ver a un filósofo tan interesado en sus herramientas. Como observaba el matemático Piergiorgio Odifreddi,[13] parece que esta escena se recuerda en *El barbero de Sevilla*, libreto de Cesare Sterbini al que puso música Gioacchino Rossini:

Mi par d'esser con la testa
in un'orrida fucina,
dove cresce e mai non resta
delle incudini sonore
l'importuno strepitar.
Alternando questo e quello
Pesantissimo martello
Fa con barbara armonia
Muri e volte rimbombar.
E il cervello, poverello,
già stordito, sbalordito,
non ragiona, si confonde,
si riduce ad impazzar.

Siento la cabeza
como en una tórrida fragua,
donde crece sin tregua
del sonido de los yunques
un estrépito continuo.
Alternando este y el otro
pesadísimo martillo
hace, con bárbara armonía,
las paredes, las bóvedas retumbar.
Y el cerebro, pobrecillo,
ya aturdido, atolondrado,
no razona, se confunde,
sólo puede enloquecer.

Pitágoras, prosigue Jámblico, volvió a su casa y repitió el experimento de la «bárbara armonía», esta vez con menos jaleo. Pellizcando unas cuerdas hechas de tripa de buey, tensadas entre dos clavos, pudo constatar que las más largas daban sonidos más graves, mientras que con las más cortas (o si inte-

35

rrumpía con un dedo una cuerda larga) se obtenían notas más agudas.

En realidad, como señaló en 1589 Vincenzo Galilei, laudista y compositor —además de padre del famoso Galileo—, la anécdota del herrero no es verosímil por una cuestión matemática. De hecho, la relación entre las longitudes de las cuerdas reconocidas por Pitágoras es exacta, pero en el caso de los pesos, las fracciones expresadas deberían ser elevadas al cuadrado.

Por otra parte, es probable además que Pitágoras usara en sus experimentos el monocordio, instrumento con una sola cuerda tensada sobre una caja de resonancia y dotada de un puente móvil que se desplazaba, interrumpiendo la cuerda en puntos diversos, para regular su altura a voluntad. El puente es ese objeto de madera que se usa para separar las cuerdas de la caja de resonancia y que se encuentra en todos los instrumentos de arco y en la guitarra; en el caso del monocordio, el puente móvil funcionaba exactamente como el dedo del violinista, que se apoya sobre la cuerda para acortarla, generando notas más agudas que la de partida.

Pitágoras —o quizás algún otro con menos posibilidades de pasar a la historia antes que él— observó que, si colocaba el puente móvil exactamente a la mitad de la cuerda, al pellizcarla obtenía un sonido más alto que el de partida. La diferencia entre estos dos sonidos es un intervalo que hoy en día un músico occidental definiría como «octava». La octava es un intervalo muy particular: por ejemplo, entre un *do* bajo y un *do* alto, o entre un *re* bajo y un *re* alto; una octava es lo que hay entre el primer *Nessun dorma* y el segundo de la homónima y celebérrima aria del *Turandot* de Puccini. La octava se llama así porque, en nuestra escala diatónica, entre la primera y la segunda nota hay ocho notas con siete nombres diferentes, contando los dos *do*. En otras culturas musicales, este mismo intervalo se divide en un número variable de partes: los indios, por ejemplo, lo dividen en veintidós, y los chinos en cinco. Pero todas las culturas musicales usan escalas basadas en la que para nosotros es una octava.

Pitágoras también detectó otras relaciones fundamentales. Si la cuerda de base se tocaba con una cuerda igual, pero dividida de modo que solo vibraran dos tercios y excluyendo el tercio restante, se obtenía un intervalo particular como el que hay entre el *do* y el *sol*, que hoy los músicos llaman «quinta justa» porque entre esas dos notas hay cinco notas (*do, re, mi, fa* y *sol*). Para entendernos, una quinta justa es lo que hay al principio del famosísimo estribillo de la música de *La guerra de las galaxias*, o al inicio de la nana *Twinkle Twinkle Little Star*.[14] Pitágoras pudo llamar a este intervalo, simplemente, «dos tercios» (es decir, 2 dividido entre 3).

Aumentando, en cambio, la parte vibratoria de la segunda cuerda a 3/4 de su longitud total, Pitágoras obtenía un intervalo de «cuarta justa» (como el que hay entre *do* y *fa*); podemos citar un caso muy popular: el inicio de la *Marcha nupcial* de la ópera *Lohengrin* de Wagner. O las primeras dos notas de la *Marcha triunfal* de *Aida*. Volveremos a encontrarnos la quinta justa y la cuarta justa en estas páginas, como ejemplo de lo que ya Pitágoras juzgó como conjunto de sonidos particularmente agradables al oído, a diferencia de lo que había producido en el taller del herrero superponiendo el sonido del martillo «desafinado» a los demás.

Curiosamente, al menos para nuestro oído, Pitágoras no reconoció el intervalo de «tercera mayor» (*do-mi*) ni el de «sexta mayor» (*do-la*), que corresponden, respectivamente, a los intervalos obtenidos con la cuerda de base y una que mida, respectivamente, 4/5 y 3/5 de la primera. No obstante, Pitágoras propuso una escala compuesta por siete notas, como la que utilizamos actualmente, que ha resistido el paso de la historia al menos dos mil años.[15]

Una escala hacia el cielo

Así pues, si se pellizca una cuerda «acortada» apoyando un dedo en posiciones diversas se obtienen notas distintas: actualmente este descubrimiento podría parecer poca cosa, porque es lo que vemos hacer a guitarristas y violinistas —los más curiosos incluso hemos curioseado en las tripas de algún piano—, y nos hemos dado cuenta de que también este instrumento funciona así, con cuerdas que tienen longitudes y grosores diversos y en las que se pica con un martillo. Pero para Pitágoras, que vivía en el siglo V a. C., darse cuenta de que existía una relación matemática precisa entre la longitud de las cuerdas que producían los sonidos más armoniosos al oído humano fue un verdadero descubrimiento.

No es casualidad que Pitágoras considerara que la sustancia de todas las cosas estaba en los números, y que su orden creaba la armonía en la que se basa el mundo. Dado que la ciencia de la armonía es la música, para el filósofo griego las relaciones musicales quizás explicaran también la naturaleza de la armonía universal.[16] Así, darse cuenta de que las relaciones entre los primeros cuatro números naturales (1/2, 2/3 y 3/4) daban origen a frecuencias equivalentes a los armónicos superiores tenía para Pitágoras un significado suplementario: era como haber echado «una fugaz mirada a la mente de Dios»[17] y entrevisto el principio de las leyes cósmicas en las que debía basarse todo el universo. Además, 1 más 2 más 3 más 4 hace 10, y precisamente el 10 se consideraba el número perfecto, porque podía representarse en forma de triángulo (la *tetraktys*), que era también la forma sagrada de los pitagóricos, sobre la que juraban fidelidad a la doctrina del maestro. Pero Pitágoras fue un paso más allá: a partir de la música fundó también su cosmogonía.

Según el filósofo Anaximandro, nacido unos cuarenta años antes que Pitágoras, la Tierra tenía la forma de un cilindro suspendido e inmóvil en el espacio y el cielo la envolvía, tanto por arriba como por abajo. A su alrededor había esferas entre las que ardía un fuego cósmico, que los hombres podían ver en forma de estrellas cuando asomaba por los orificios de aquellas que estaban más próximas a nosotros. Pitágoras heredó esta concepción, pero quiso pensar que el movimiento de las esferas celestes producía un sonido, una armonía perfecta que los seres humanos no podían oír: la armonía de las esferas. Y precisamente su perfección matemática era lo que hacía que los seres humanos apreciaran tanto el arte de los sonidos.

La teoría de la armonía de las esferas la retomaría posteriormente Kepler, que la amplió y la enriqueció con sus descubrimientos en el libro *Harmonices mundi*, escrito en 1619. Para este astrónomo alemán también los movimientos de los planetas y sus distancias con el sol se podían relacionar con los números que marcaban las relaciones armónicas descritas por Pitágoras. De hecho Kepler estaba profundamente convencido de la existencia de una música celeste, como de que la armonía musical y la geometría de las relaciones que dan vida a las notas eran demostraciones de la lógica divina: comprender las bases de dicha armonía permitiría a los científicos hacer previsiones astronómicas precisas y comprender cómo y por qué se mueven las estrellas y los planetas por el cielo.

Así, a cada planeta el astrónomo le asoció un intervalo y una voz, según su velocidad: al atravesar el espacio, en un medio gaseoso similar al aire, los planetas producían sonidos semejantes al del viento que pasa entre las copas de los árboles. Y a partir de sus observaciones astronómicas Kepler intentó determinar el sonido de la sinfonía celeste resultante de los movimientos de los planetas. Pero no lo consiguió, porque con Venus y la Tierra no le salían las cuentas. Así que se contentó con observar que la sinfonía celeste no sonaba de forma continua, concluyendo que, probablemente, sí lo hacía en el momento de la creación del universo.

Los vínculos con la cosmogonía de Kepler son la razón principal por la que ha perdurado tanto la escala pitagórica, pero no la única. Una ayuda sustancial es la que recibió en el siglo VI d. C. del filósofo Severino Boecio y, más tarde, de los papas de la Iglesia católica. El primero es el autor de *De institutione musica*, donde se distinguían la música instrumental, la música humana y la «música mundana», es decir, la de los mundos, o música celeste. Los segundos impusieron la escala pitagórica en la música litúrgica y en el canto gregoriano. Es más, en 1324, el papa Juan XXII promulgó un edicto por el que se limitaban las posibilidades únicamente a los intervalos de octava, cuarta y quinta.[18] Eso a pesar de que Ptolomeo, ya en el siglo II d. C., hubiera completado la escala añadiendo a las relaciones con los números 1, 2, 3 y 4 identificadas por Pitágoras las del número 5. En otras palabras, Ptolomeo había ampliado la regularidad de la escala pitagórica introduciendo el intervalo de tercera mayor *(do-mi)* que hoy, junto al intervalo de quinta *(do-sol)*, constituye los cimientos de la armonía. La nueva escala de Ptolomeo se extendió por el entorno profano y empezó a influir también en la producción eclesiástica. Durante mucho tiempo la Iglesia intentó impedir que contaminara la música litúrgica, que debía permanecer lo más fiel posible a la tradición pitagórica, pero el uso práctico fue imponiéndola gradualmente.

Nuevos problemas matemáticos

En cualquier caso, la resolución del problema de la escala no supuso el final de la colaboración de la matemática con la teoría musical que, muy al contrario, sigue vigente hoy en día. En julio de 2006, por ejemplo, por primera vez en sus 127 años de historia, la revista estadounidense *Science* publicó un artículo de teoría musical firmado por Dmitri Tymoczko, de la Universidad de Princeton, en el que se aplicaba la geometría no euclidiana a la construcción de la música.[19]

Hace varios siglos, las matemáticas volvieron a tener un papel fundamental en la resolución del problema de los cambios de tonalidad, que afligía a músicos y a constructores de instrumentos de teclado. Se trataba de permitir que el intérprete tocara con un mismo instrumento las notas que componen las diversas escalas, como la escala de *do* mayor y la de *si* bemol menor. Por ejemplo, en el siglo XVI se construyó el archicémbalo, instrumento que, contando todas sus teclas subdivididas, presentaba treinta y una divisiones de la octava, en lugar de las trece de nuestro piano; un teclado decididamente complejo y, aun así, lejos de la perfección.[20] En otras palabras, había que encontrar un compromiso entre la escala natural —basada en el fenómeno físico de la sucesión de armónicos y empleada por todos los instrumentos de viento y cuerda, así como por la voz— y la exigencia de construir instrumentos de teclado que pudieran tocarse junto a los otros. En síntesis, el problema se reducía a la búsqueda de la mejor subdivisión posible del intervalo entre dos notas contiguas —el tono—; la traducción del problema en términos matemáticos, bastante complicada, hizo que más de uno se estrujara bien el cerebro.

En cierto sentido, el compromiso necesario era comparable al que se alcanzó en la elaboración de nuestro calendario, cuando se dieron cuenta de que, para que salieran las cuentas teniendo en cuenta la discrepancia entre el año civil y el ciclo de las estaciones, era necesario introducir una corrección: en esa ocasión se «inventó» el año bisiesto, con un día más que permitía recuperar la diferencia con una variación imperceptible para el organismo humano.

En el caso de los cambios de tonalidad, la solución fue la introducción, entre los siglos XVII y XVIII, del denominado sistema temperado y equitativo, por el cual se dividía la octava en doce intervalos iguales llamados semitonos. En el sistema temperado, el semitono divide un tono exactamente por la mitad, equiparando el sostenido (que sube la nota) y el bemol (que la baja): ese es el motivo de que, en el piano, un *fa* sostenido y un *sol* bemol se toquen con la misma tecla negra, situada entre las teclas blancas del *fa* y del *sol*. En un principio, el temperamento equitativo no fue aceptado de buen grado por los músicos más tradicionalistas, pero a pesar de los recelos iniciales consiguió imponerse en toda Europa gracias, sobre todo, a un promotor de excepción, Johann Sebastian Bach, que para demostrar la posibilidad de tocar con un sistema de escalas no naturales compuso *El clave bien temperado*, su célebre colección de cuarenta y ocho preludios y fugas escritos para ejecutarse con un único temperamento.

Cuando la música volvió a ser objeto de investigación científica, en la segunda mitad del siglo XIX, los problemas en los que se concentraban los estudiosos eran mucho más concretos. Por ejemplo, se empezó a estudiar el funcionamiento de nuestro oído, instrumento tan refinado que es capaz de distinguir la escala pitagórica de la tolemaica.

Empecemos por lo que sabemos actualmente.

41

Capítulo 2

Onda sobre onda

*E*stamos en el teatro: la voz del violín hace vibrar el aire y, desde el foso de la orquesta, donde se encuentran los músicos, llega a todos los espectadores, que escuchan en silencio desde la platea y los palcos. O estamos en el coche: la radio transmite el estribillo de la canción del verano. O estamos en un local de moda, y el saxófono arrastra al resto del cuarteto de jazz en un crescendo embriagador, que hace que todos los presentes muevan los pies y la cabeza. ¿Qué está sucediendo?

Si pudiéramos observar los sonidos que surgen de los instrumentos musicales o de los amplificadores de la radio, así como los ruidos emitidos por el señor resfriado de la tercera fila y la voz rasposa del DJ, veríamos ondas que parten del instrumento musical y que se mueven en el aire en todas direcciones, como los círculos que nacen en la superficie de un charco al caer una piedra. Eso sucede porque las moléculas de aire en contacto con la fuente sonora se desplazan y transmiten su movimiento a las moléculas vecinas, creando una vibración que se propaga en el ambiente. El sonido, efectivamente, se puede describir como una onda que, en el vacío, en ausencia de partículas, no se propaga.

Un pequeño experimento doméstico puede ayudarnos a comprender de qué se trata: si ponemos el equipo de música a todo volumen y acercamos la mano a un trozo de tela que cubra un altavoz, corremos el riesgo de tener un enfrentamiento con el vecino de arriba, pero también es posible percibir con los dedos unos impulsos que tienden a alejarlos de la tela: son las ondas de compresión y descompresión del aire, las mismas que recibe nuestro oído cuando le llega la voz del violín y todos los otros sonidos más prosaicos en los que nos vemos sumergidos día a día. La diferencia entre la percepción de la mano y la del oído no radica solo en la sensibilidad, que permite al oído captar sonidos a un volumen más indicado para conservar las buenas relaciones con el vecindario: la verdadera diferencia la marca la capacidad de transformar esas ondas de compresión y descompresión del aire en señales que nuestro cerebro es capaz de reconocer como sonidos o como ruidos.

Hay que tener oído

No todos los sonidos son iguales, y tampoco las ondas. Por ejemplo, las del estímulo acústico que definimos como «ruido» son irregulares, mientras que las de un sonido son periódicas, es decir, se repiten cíclicamente.

Una característica de las ondas que determina las propiedades del sonido correspondiente es la frecuencia, que se mide en hercios y que representa el número de ondas que pasan por un punto determinado del espacio en una unidad de tiempo. En otras palabras, las ondas pueden estar más o menos próximas entre sí: cuanto más lo están, más agudo es el sonido resultante. Se dice, por tanto, que la frecuencia es mayor en los sonidos más agudos. Por ejemplo: un *la* tocado al piano es más alto (o más agudo) que el *do* que se encuentra a su izquierda: de hecho, el *la* tiene una frecuencia de 440 hercios —es decir, se produce con 440 ondas por segundo—, mientras que la del *do* es de 261 hercios.

43

Porque, claro, decir *la* no cuesta nada. Es imposible resistirse a la tentación de contar la historia de esta nota y de la determinación de su frecuencia.[1] Hoy en día nuestro *la* es el que se definió en la conferencia internacional celebrada en Londres en 1939, es decir, a 440 hercios y a una temperatura de 20° C. Pero antes el *la* variaba muchísimo según el instrumento, el país, la ciudad o el género musical y la escuela a la que se pertenecía. Hasta el siglo XVII reinó la anarquía, y los instrumentos musicales producían notas *la* variables entre los 370 y los 560 hercios. Después Händel empezó a utilizar un diapasón de 422,5 hercios y los otros músicos le siguieron, incluidos Bach y Beethoven. Pero en el siglo XIX, una vez más, el *la* perdió su valor estándar y empezó a aumentar, probablemente arrastrado por la difusión de los instrumentos de metal, con un timbre más brillante a frecuencias más altas. De modo que en 1858 se celebró una primera conferencia, convocada por el gobierno francés, para fijar el *la*, y se decidió rebajarlo a 435 hercios, ya que el aumento progresivo lo había acabado elevando muy por encima. En 1881, Giuseppe Verdi y otros músicos italianos se reunieron y le pidieron al gobierno italiano que normalizara el *la* del diapasón a 432 hercios. En 1884 se les hizo caso, y desde aquel momento y hasta la conferencia de 1939, en Italia se quedó en 432 hercios. Hay que decir —tal como señaló el propio Verdi— que, entre el francés, a 435 hercios, y el italiano, a 432, la diferencia es prácticamente imperceptible incluso para los oídos más entrenados. Pero el *la* a 432 hercios había sido sugerido por una comisión científica convocada expresamente que había tomado como referencia un *do* central a 256 hercios, elegido por ser dicho número potencia del 2. Todavía hay quien considera que deberíamos abandonar el *la* internacional a 440 hercios (que según algunos carece de motivaciones científicas y fue impuesto únicamente por el uso en las bandas militares) para volver a la propuesta de Verdi. En 1988 algunos senadores de la República Italiana presentaron un proyecto de ley al respecto.[2] La razón de este tira y afloja radica en que, mientras que algunos instrumentos ganan sonoridad al aumentar el número de vibraciones del *la*, para los cantantes ajustarse a tonalidades más agudas puede resultar incómodo. No obstante, si hoy en día Mozart o Bach oyeran cómo interpretamos sus obras, probablemente las encontrarían demasiado agudas.

Volviendo a las ondas que hacen de vehículo a los sonidos, otra de sus características fundamentales es la amplitud: haciendo un símil con las olas del mar, por ejemplo, se trataría de la distancia entre la cresta de una ola y el nivel del mar. Esta magnitud se mide en decibelios y determina la intensidad del sonido: cuanto más amplia es la onda, mayor es el volumen de lo que estamos escuchando.

En el momento en que oímos algo, sea lo que sea, cientos o miles de ondas sonoras al segundo, cada una con su altura y su intensidad, atraviesan el aire, llegan al pabellón auricular, entran en el oído, recorren el conducto auditivo hasta el fondo y acaban chocando con el tímpano. El tímpano es una membrana similar a la piel de un tambor. Cuando llega la onda sonora, vibra y transmite el impulso a una cadena de tres huesecillos que la amplifican y que, a su vez, la transmiten a través de una segunda membrana llamada ventana oval situada en el órgano del oído: la cóclea. Esta, que tiene forma de caracol, es una especie de tubito enroscado sobre sí mismo y lleno de un líquido llamado perilinfa. Aquí la onda sonora se convierte en una onda líquida que se propaga a lo largo del tubito, provocando el movimiento de una membrana apoyada en un conjunto de células especializadas que constituyen el órgano de Corti. Tienen la superficie recubierta de filamentos, o cilios, motivo por el que se las llama células ciliadas. Cuando la membrana que tienen encima se mueve con la llegada de la onda, estas se «despeinan»: allí es donde se forma la señal nerviosa que llegará al cerebro y que nos permitirá darnos cuenta de que hemos oído un sonido o un ruido, con todos sus detalles.

Pero ¿cómo es posible que la cóclea, un objeto que, desenrollado, mide más o menos 33 milímetros, pueda determinar el tono de cada nota y el de varias notas tocadas a la vez? ¿Y cómo puede tener esa sensibilidad el oído, el órgano de los sentidos con menor número de receptores de nuestro cuerpo —si lo comparamos, por ejemplo, con el de la retina, que son diez mil veces más—? La respuesta a estas preguntas llegó en la segunda mitad del siglo XIX gracias al trabajo de un brillante fisiólogo alemán que supo moverse con elegancia entre medicina, física, matemática, arte y filosofía.[3]

El científico del tiempo perdido

Hermann von Helmholtz nació en Potsdam en 1821, en el seno de una rica familia burguesa y, como correspondía a un muchacho de buena familia, desde joven aprendió a apreciar la música y en particular a tocar el piano. Aunque habría deseado ser físico, por voluntad familiar se matriculó en la facultad de medicina de la Universidad de Berlín y resultó ser un magnífico estudiante. Pero abandonó muy pronto los pasillos de los hospitales para entrar a trabajar en el laboratorio de anatomía y fisiología de Johannes Müller, donde podía sacar más partido a su inteligencia, versatilidad, ingenio y curiosidad. Y precisamente su dominio de la física y las matemáticas le permitieron investigar de un modo nuevo, y alcanzar resultados inéditos y revolucionarios en el estudio del cuerpo humano antes de cumplir siquiera treinta años.

Gracias a su conocimiento de la física newtoniana, Helmholtz consiguió explicar los principios de la función muscular y, construyendo complejos aparatos eléctricos, llegó a calcular lo que él mismo había definido como el «tiempo perdido», es decir, el lapso entre la estimulación nerviosa y la contracción del músculo. Sesenta años más tarde, Marcel Proust usó esta expresión en el título de su obra más famosa, pero no podemos saber si fue casualidad o si se inspiró en el trabajo de Helmholtz: pudo haberlo conocido, porque su padre era médico y un brillante investigador que había colaborado con el fisiólogo Jules Marey, a quien se le reconoce el mérito de haber importado a Francia los estudios sobre la conducción nerviosa de Helmholtz. No obstante, más allá de sus posibles influencias sobre la literatura francesa, el descubrimiento del tiempo perdido fue un avance fundamental para la medicina, porque demostraba por primera vez que la conducción nerviosa no era instantánea. Al contrario, se podía medir el tiempo correspondiente, que dependía de la distancia recorrida; nada que ver, pues, con la evanescencia que hasta aquel momento se consideraba origen de los procesos nerviosos y mentales.[4]

A continuación, aprovechando sus conocimientos en el campo de la óptica, Helmholtz se puso a estudiar la función visual e inventó el oftalmoscopio: un objeto que, con algunas modificaciones, se usa aún hoy en la observación clínica oftalmológica para examinar el fondo del ojo. Sus investigaciones sobre la visión se concentraron en la percepción de los colores y, gracias a los descubrimientos del físico James Clerk Maxwell y al trabajo del médico y físico Thomas Young, formuló la teoría de la visión tricromática: nuestro ojo, explicó Helmholtz, posee tres receptores capaces de reconocer las diferentes longitudes de onda del haz de luz y cada uno responde de un modo más marcado a un intervalo específico, correspondiente con cada uno de los conocidos como «colores fundamentales». Así, tenemos un tipo de receptor que responde preferentemente ante el rojo, otro que se activa con el azul y otro que se excita con el verde.

El paso de Hermann Helmholtz del ojo al oído fue breve. La clave de su éxito fue la síntesis de disciplinas y métodos diversos, entre los que, hasta el momento, se habían establecido rígidas separaciones. En la introducción a su *Teoría fisiológica de la música*, el fisiólogo alemán explicó que su intención era precisamente acercar la acústica, que se estudiaba en los laboratorios de física, a la fisiología, la teoría musical y la estética.

Helmholtz empezó estudiando un aparato consistente en un disco giratorio con una serie de orificios concéntricos situado frente a un tubo de aire comprimido que acababa en una especie de tapón perforado, como la boca de una manguera. Al girar el disco, cuando el orificio de la «manguera» coincidía con los del disco, el aire podía salir; en cambio, cuando no coincidían el aire no salía. Así se podía generar una serie de pulsos de aire, variables según la velocidad de rotación del disco y del número de orificios.

De este modo, siguiendo la línea de lo descubierto por Pitágoras, Helmholtz observó que el sonido generado haciendo girar un disco con un número de orificios a una cierta velocidad era una octava más alto que el obtenido con un disco de la mitad de orificios. Así, para un sonido dado, la frecuencia de las pulsaciones del aire se duplicaba cuando se pasaba a la octava superior.

47

Helmholtz prosiguió el experimento y realizó otros, con los que explicó las bases de la diferencia entre los timbres de los diferentes instrumentos musicales. Dio, pues, la primera respuesta empírica a la pregunta de por qué un *do* tocado con el piano es diferente al mismo *do* tocado con un violín, a por qué la voz de los instrumentos es particular y reconocible. Consiguió incluso construir un complicado aparato capaz de imitar las voces de los instrumentos musicales basado en el diapasón, pequeño instrumento capaz de producir una sola nota (normalmente un *la* puro, a 440 hercios) y usado precisamente por esta característica como referencia para la afinación.

En paralelo a estos estudios de acústica, Helmholtz hizo investigaciones fisiológicas partiendo de la intuición de que había un parecido entre el oído interno y el mecanismo de un piano de cola: el órgano humano tenía que semejarse de algún modo al instrumento musical, aunque uno fuera producto de la naturaleza y sirviera para percibir sonidos y el otro hubiera sido inventado por el ser humano para producirlos. Después retomó el tema donde lo había dejado el marqués Alfonso Corti unos años antes.

Con el piano en la cabeza

En 1851, el marqués Alfonso Corti, anatomista lombardo, había publicado el fundamental *Recherches sur l'organe de l'ouie des mammifères (Estudio sobre el órgano del oído de los mamíferos)*, en el cual había explicado por primera vez la forma del órgano que lleva su nombre.

Von Helmholtz estudió con atención los descubrimientos del marqués y añadió dos observaciones. La primera era que la membrana basilar, en la que se apoyan las células pilosas del órgano de Corti, tiene forma de trapecio: va de los 100 micrones a los 500. Y no solo eso: es más rígida en un extremo y más flexible en el otro.

La segunda observación de Helmholtz fue que la membrana está cubierta por unas estrías transversales similares a las cuerdas de un piano, que actualmente sabemos que son filas de células pilosas. En la práctica, desenrollando la membrana basilar se observa una estructura que recuerda realmente el interior de un piano de cola, con cuerdas cortas y rígidas por un lado y largas y blandas por el otro. La hipótesis del científico alemán era que estas estrías resonaban con sonidos de frecuencias diversas; las frecuencias más altas movían las cuerdas más cortas y tensas, mientras que las frecuencias más graves estimulaban las cuerdas más largas, en el otro extremo de la cóclea. La teoría de la resonancia de Helmholtz explicaba así por qué el oído humano no puede oír todas las frecuencias, sino solo las comprendidas entre los 20 y los 20.000 hercios, espectro que corresponde aproximadamente a once octavas, las siete centrales de las cuales son precisamente las del piano.

La hipótesis de Helmholtz la confirmó en la década de 1930 Georg von Békésy, físico húngaro que en 1961 recibió el premio Nobel de medicina precisamente por sus estudios sobre el funcionamiento del oído. Efectivamente, Von Békésy consiguió observar directamente, por primera vez, la cóclea en acción. Para hacerlo introdujo el objetivo de un microscopio en un orificio practicado en la pared ósea de una cóclea y de este modo pudo ver de cerca qué pasa dentro del oído al llegar una onda sonora.

El estudio de Von Békésy demostró que un sonido solo hace resonar un punto de la membrana basilar, pero que da vida a una onda que recorre toda la cóclea. En el caso de los sonidos agudos, la amplitud máxima de esta onda viajera se encuentra junto a la primera parte de la cóclea —la contigua a los huesecillos—, mientras que en el de los graves se desplaza más adelante; esta amplitud máxima se corresponde también con un «despeinado» máximo de las células pilosas. Helmholtz no había previsto la onda viajera y no había visto que era toda la membrana la que oscilaba, pero se confirmaba su idea de la predilección de cada frecuencia por un punto específico de la membrana.

Hasta aquí, las observaciones de Helmholtz y de Von Békésy explican cómo distingue el oído los sonidos de diferentes frecuencias. Pero ¿y la intensidad? Es decir, ¿cómo se distinguen los sonidos con el mismo tono, pero más o menos fuertes?

Von Békésy observó que los sonidos de mayor amplitud (es decir, más fuertes) provocan un mayor desplazamiento del órgano de Corti, pero siempre en la posición determinada por la amplitud máxima. Verbigracia, la onda viajera se eleva con respecto a la posición de base cuando el sonido es más fuerte y la zona de membrana elevada se vuelve más amplia, como sucede con las ondas generadas por un peñasco al caer en un estanque, en comparación con las producidas por un guijarro.

Los resultados de los estudios de Helmholtz y de Von Békésy son fundamentales para la comprensión de la fisiología del oído. Y un punto de partida fundamental para todas las investigaciones que pretendan distinguir lo naturales que son nuestros gustos musicales, es decir, hasta qué punto se deben a la biología más que a la cultura y a la educación.

Además de la posición de las células «despeinadas», actualmente sabemos que el reconocimiento de la frecuencia de los sonidos depende también del hecho de que las células de zonas diversas de la cóclea son, de hecho, diferentes. Cambia el número, la longitud y el «peinado» de las células pilosas, así que en la práctica cada célula funciona como un minúsculo amplificador de una única frecuencia. Pero sabemos algo más también de lo que ocurre después, es decir, cuando una melodía ha «despeinado» las células pilosas y el mensaje nervioso inicia su camino.

Hacia el cerebro

La misión principal del nervio acústico es la de codificar el estímulo de modo que se conserve la información sobre frecuencias, tiempos y amplitudes. Así, el nervio acústico puede transportar el mensaje en forma de una señal nerviosa que contiene todos los detalles útiles para comprender qué es lo que está oyendo el oído en ese momento, sea un canto tirolés o la sirena de una alarma. Es decir, que el mensaje viaja un poco como en un archivo comprimido con una gran cantidad de información en su interior.

Lo que se sabe con certeza de este mensaje es que cada fibra del nervio acústico responde de un modo particular a sonidos de altura precisa: la de la célula del órgano de Corti de donde parte el estímulo. Así, las fibras nerviosas se organizan en el interior del nervio siguiendo un orden que refleja el de las células pilosas del interior de la cóclea.

Durante el trayecto desde las orejas hasta el córtex cerebral, los datos sobre la frecuencia de los sonidos recibidos por las dos orejas se entrecruzan varias veces. El mensaje transita por una serie de estaciones grandes y pequeñas, en cada una de las cuales se elabora parcialmente la información: las principales son las que comparan ambos mensajes para identificar la procedencia del sonido basándose en los tiempos de llegada a ambas orejas y de la intensidad percibida en cada una. Después, por fin, se llega al córtex, a una región particular del cerebro que se llama córtex auditivo primario, presente en ambos hemisferios cerebrales.

El córtex auditivo primario se encuentra más o menos a la altura de las orejas, algo más arriba y atrás; así que desde los auriculares de un mp3 a la parte del cerebro que reconoce los sonidos no hay más que unos centímetros. Por encima se encuentran la zona que dirige los movimientos del cuerpo y la que reconoce las sensaciones táctiles; más atrás, la que reconoce los sabores.

Tal como sucede en las células pilosas y en las fibras nerviosas, la distinción entre las diversas frecuencias se mantiene con gran precisión también en el córtex auditivo primario: gracias a una distribución precisa de las terminaciones nerviosas, llamada tonotópica, en el cerebro también se mantiene el parecido con el vientre de un piano de cola. En el córtex auditivo primario se encuentran neuronas específicas capaces de reconocer cada sonido que oímos. Y recientemente se han localizado las células capaces de reconocer lo fundamental de un sonido, es decir, su frecuencia principal y, por tanto, de reconocer su altura.[5]

Pero la información sobre los sonidos no llega únicamente a esta zona del cerebro, porque la música no es únicamente una serie de sonidos puestos en fila, uno tras otro. La música tiene un contenido emotivo, que hace que escojamos Rachmaninoff para una velada elegante y el *Twist and Shout* para iniciar el baile en una fiesta de cumpleaños. Después está toda la cuestión de la memoria, gracias a la cual cada uno de nosotros tiene un cierto repertorio de canciones populares de las que hace gala durante una excursión a la montaña o alrededor de una hoguera en la playa. ¿Y cuando, en lugar de escuchar música, nos la imaginamos y basta? En esos casos, el córtex auditivo primario se activa igualmente, pero poco y únicamente en ciertas zonas limitadas: la diferencia en este caso es que se activan también otras zonas del cerebro.[6]

La cuestión, como veremos enseguida, no es nada sencilla.

Capítulo 3

Estudiar el cerebro musical

*I*maginemos que estamos en un concierto en un estadio, junto a otros miles de personas. Nuestro cerebro, además de tener que reconocer los sonidos que componen la música, se pone a analizar los estímulos visuales que nos dan las luces y los colores distribuidos por el escenario. Y a distinguir también los estímulos táctiles que provocan la vibración de nuestro cuerpo cuando la música es más fuerte.

Los músicos, a su vez, tienen que producir sonidos y, para hacerlo, deben mover los dedos, los brazos y los pies. Algunos de ellos quizá soplen un instrumento de viento. Así, mientras tocan, su cerebro está en plena actividad, no solo la corteza auditiva primaria, sino también las zonas que rigen el movimiento y la sensibilidad táctil. Probablemente antes del concierto habrán estudiado su partitura, casi siempre escrita en forma de una serie de símbolos sobre una hoja; en otras palabras, guitarristas, percusionistas y coristas habrán tenido que activar procesos cerebrales que permitan la abstracción. Después, una vez delante de su público, tocan de memoria: así que, junto a los estímulos auditivos, a los táctiles y a los motores, su cerebro está utilizando sectores donde se almacena información. Seguro que el nuestro también lo está haciendo, sobre todo si nos gusta cantar a voz en grito, a coro con los demás. Por no hablar de la difícil misión de las áreas asociativas, que coordinan y facilitan la interacción de las diversas partes del cerebro. O sea, que el córtex auditivo primario no es la única parte que trabaja duro para hacer que pasemos una buena tarde.

Pan para la neurología

Obviamente, de los diez mil espectadores del estadio, no todos registrarán el mismo grado de activación cerebral en las mismas regiones anatómicas exactamente. Ni tampoco la cantidad de superficie cerebral dedicada a la música es igual para todos: un grupo de investigadores de Heidelberg ha observado, por ejemplo, que en comparación con el resto de la población, los músicos suelen tener una cantidad de materia gris mayor en una parte del córtex auditivo que se llama área de Heschl.[1] La mayor parte de estas células están ahí desde el nacimiento y su cantidad queda determinada genéticamente: quizá sea el hecho de poseer tantas lo que impulsa a estudiar música, y no la práctica de escalas y arpegios lo que hace que sean tan numerosas.

Eso no significa que la práctica musical no modifique el cerebro. Al contrario, este es plástico y se adapta a nuestras necesidades. Por ejemplo, el cerebro de los músicos que utilizan mucho los dedos para tocar, como violinistas y pianistas, presenta en el córtex motor un sector reservado al movimiento de las manos mayor que el de quien no sabe siquiera escribir a máquina con tres dedos. Tal como se puede imaginar, los violinistas en particular presentan una representación cortical de los dedos de la mano izquierda —excluido el pulgar— mucho más amplia que la media.[2] Y esta correlación entre actividad y superficie cerebral es tanto mayor cuanto antes se empieza en el ejercicio de la música.

Así que nuestras habilidades musicales son extremadamente variables, como lo son los sectores del cerebro que rigen sobre ellas. Para ser precisos, existen personas que no entienden la música y que a veces tampoco la aprecian, pero también las hay con una capacidad muy superior a la media. Se dice, por ejemplo, que un chico de catorce años fue capaz de transcribir todo el *Miserere* de Gregorio Allegri después de oírlo tocar solo una vez. El *Miserere*, pieza algo lúgubre de nueve voces y de unos 15 minutos de duración, se escribió para la celebración de la Pascua en el Vaticano. Su partitura debía permanecer en el más estricto secreto, hasta el punto de que, si se sorprendía a alguien copiándola, debía ser excomulgado por el papa. Pero aquel niño se llamaba Wolfgang Amadeus Mozart y no tenía necesidad de copiarla en un trozo de papel.

53

Llegados a este punto, también hay que decir, honestamente, que la música está subsanando la deuda que tenía con los científicos: precisamente por su complejidad, se está convirtiendo cada vez más en un instrumento útil para la comprensión de los mecanismos de funcionamiento del cerebro. Tal como nos explica el neurólogo canadiense Robert Zatorre:

> La música tiene relación casi con todas las habilidades cognitivas de las que se ocupan los neurólogos: no solo, como es obvio, con los aparatos auditivo y motor implicados en la percepción y en la producción musical, sino también con las interacciones multisensoriales, la memoria, el aprendizaje, la atención, la proyectualidad, la creatividad y las emociones.[3]

Así pues, el trabajo de los investigadores prosigue y se concentra en puntos críticos de nuestra comprensión y del cerebro:

> Entre las investigaciones más prometedoras están las relacionadas con el desarrollo de las habilidades musicales, porque permitirán saber a los científicos cómo hace el sistema nervioso para adaptarse a las influencias del entorno.[4]

Los músicos, en particular, parecen ser un maravilloso objeto de estudio, puesto que son un modelo excelente para estudiar la plasticidad del cerebro humano, es decir, su capacidad de adaptarse a los estímulos externos.[5] Y ese es uno de los motivos por los que Zatorre define la música como «pan para la neurología».[6]

Música para tocar

Hay que hacer una consideración especial en relación con las personas ciegas de nacimiento o desde la más tierna infancia. En estos casos, el cerebro compensa la falta de estímulos visuales aumentando la respuesta a los auditivos, gracias precisamente a su plasticidad. Se ha observado, efectivamente, que los ciegos saben orientarse con los sonidos mejor que las personas dotadas de vista y que tienen una mayor habilidad para reconocer rápidamente los cambios en los sonidos y de la dirección de la que proceden.[7] Así pues, si pudiéramos observar el cerebro de una persona ciega que escuchara un concierto a nuestro lado, probablemente veríamos que se comporta de un modo diferente al nuestro.

Podría sorprendernos, en cambio, lo que sucede en el cerebro de una persona sorda cuando se encuentra en un ambiente rico en sonidos. Los sordos no pueden percibir los sonidos con la cóclea, o no son capaces de transportar la información de la cóclea al cerebro. En cualquier caso, para ellos lo más fácil de percibir cuando «escuchan» una música es la vibración. De hecho, tal como se ha visto alguna vez en los informativos de televisión, hay algunos locales de Londres en los que se celebran fiestas y *raves* para sordos, donde los DJ tienen un objetivo particular: amplificar el volumen de bajos y percusiones para que los asistentes sientan en el cuerpo las vibraciones de la música y puedan bailarla. Es más o menos lo que hacía Ludwig van Beethoven, que en 1818 se quedó completamente sordo, sin que por ello dejara de componer. Se dice que, para percibir lo que creaba, serró las patas del piano, de modo que podía tocar sentado en el suelo y sentir las vibraciones de los sonidos a través del suelo.

La idea es la misma. De hecho, tal como observaron algunos investigadores estadounidenses en 2001, las vibraciones rítmicas típicas de la música activan también en los sordos el área auditiva primaria, señal de la extraordinaria capacidad de nuestro cerebro de reciclar las partes que usa menos y de adaptarse al mundo externo con la mayor eficiencia posible.[8] Las mismas vibraciones, transmitidas a las manos de personas con un oído normal, activan únicamente áreas táctiles.

Por último, para ciegos, sordos, músicos o simples oyentes, está la cuestión fundamental del valor emotivo de la música, que por otra parte es el motivo principal por el que gastamos tanto dinero en CD y en entradas para conciertos. La razón de todo ello radica en una parte del cerebro que se llama sistema límbico y que también entra en juego cuando disfrutamos de un buen banquete o cuando practicamos el sexo. Desde el punto de vista evolutivo, el sistema límbico es una parte muy antigua del cerebro humano, ya que se formó antes, por ejemplo, que la corteza cerebral, por lo que es un elemento que compartimos con la mayor parte del reino animal. Tiene la función de gratificar al individuo cuando hace algo útil para sí mismo o para la especie —como, precisamente, comer y reproducirse— a través de un mensajero hormonal que se llama dopamina. Así que, en cierto sentido, encontramos ya en el sistema límbico una primera respuesta superficial a la pregunta de por qué nos gusta la música.

La pregunta siguiente será, por tanto: ¿por qué activa la música una respuesta gratificante muy similar a la de otras actividades encaminadas claramente hacia el bienestar personal y de nuestra especie? ¿Qué ventaja evolutiva tiene desear un equipo de música nuevo o un iPod de cuatrocientos euros? Profundizaremos en esta cuestión en los capítulos siguientes.

Estrategias de investigación ayer y hoy

Sacando cuentas, podemos decir, como la neuróloga Isabelle Peretz, que «la música no es una capacidad monolítica, que se tenga o no».[9] Del mismo modo, las zonas del cerebro musical no se pueden localizar fácilmente, como si fueran estados o regiones en un mapa. Tanto es así que entre los propios neurólogos existen al menos dos visiones contrapuestas sobre las conexiones neuronales entre música y lenguaje. Pero eso no solo es aplicable a la música. Casi todas nuestras habilidades se pueden atribuir a zonas diversas del cerebro, en muchos casos relacionadas entre sí de un modo que aún no comprendemos del todo.

Para estudiar estas conexiones, actualmente contamos con mecanismos complejos y refinados, como la tomografía por emisión de positrones (TEP) o la resonancia magnética funcional (IRMf), que además de la anatomía de una zona permiten reconocer su actividad. Con ellas, muchos investigadores han estudiado el cerebro de «cobayas» sanas —estudiantes, amigos, novios y familiares— que se meten en una máquina una media hora a cambio de un café.

Sin embargo, hasta hace unas décadas el único método para determinar las partes del cerebro implicadas en una actividad específica era estudiar a las personas que habían tenido un accidente o un ictus y presentaban síntomas particulares, como una parálisis o una incapacidad para expresarse con palabras. Se observaban con atención sus conductas y, después, tras la muerte, se hacía una autopsia y se les examinaba el cerebro con el objetivo de localizar la zona dañada. Hoy en día, las pruebas radiológicas como el TAC o la resonancia magnética nos permiten hacer eso mismo en el paciente aún vivo. El principio es el mismo: se establece una relación entre la habilidad perdida y la parte del cerebro que ha sufrido un daño anatómico para deducir si es ese daño anatómico el que ha provocado el funcional.

Por ejemplo, tras un ictus que afecte a la parte izquierda del cerebro puede suceder que se pierda la capacidad de hablar, es decir, que se desarrolle afasia: en ocasiones esto implica que no se es capaz de articular los sonidos que componen una palabra, en otras se sigue hablando pero no se pueden emitir frases de significado completo o comprender lo que se oye. Hoy sabemos que estas dos formas de afasia son diferentes porque son causadas por lesiones en diferentes zonas del cerebro. La primera es el área de Broca, identificada en 1861 por el neurólogo francés Pierre Paul Broca en un paciente que se había vuelto incapaz de decir nada que no fuera «tan tan» (motivo por el que pasó a la historia como el señor Tan). Tras su muerte, Broca extrajo el cerebro y observó que la zona dañada estaba en un punto preciso del hemisferio izquierdo. Así fue como los médicos empezaron a entender que algunas funciones del cerebro están lateralizadas, es decir, se encuentran solo en uno de los dos hemisferios. La siguiente zona del lenguaje que se identificó, de la que depende el segundo tipo de afasia, se llama área de Wernicke, por el nombre de su descubridor, el neurólogo alemán Carl Wernicke. También esta se encuentra en el hemisferio izquierdo.

Pero aunque la observación científica haya permitido descubrir las zonas principales que rigen el lenguaje, en el caso de la música la labor no es tan sencilla.

En primer lugar, mientras que todos sabemos hablar y caminar, nuestro nivel de habilidad musical es muy variado y a menudo resulta muy difícil de determinar. Lo mejor, por tanto, sería estudiar a los músicos profesionales, que seguramente tienen un nivel de habilidad más alto que la mayoría de la población. Pero los músicos profesionales no son muchos: menos aún los que han sufrido un ictus tras el cual presentan una limitación permanente de sus habilidades musicales, si bien no de las otras; por otra parte, los que han perdido otras habilidades y han conservado la voluntad de tocar y componer son casi una rareza. Aun hoy, los casos clínicos de este tipo de que se tiene constancia hasta la fecha se cuentan con los dedos.

Un cerebro del que vale la pena hacer mención es el de Maurice Ravel, autor del famoso *Bolero*. El compositor francés sufrió un gravísimo ictus isquémico en el hemisferio izquierdo del cerebro que lo dejó afásico e incapaz de escribir música, pero era evidente que aún conservaba la capacidad necesaria para reconocer y apreciar la que otros tocaban para él.

Otro caso clínico famoso es el del compositor ruso Vissarion Shebalin, que se volvió afásico y desarrolló una hemiplejia de la parte derecha del cuerpo (señal de una lesión en el córtex motor de la izquierda, porque las vías nerviosas del movimiento se cruzan). Shebalin siguió escuchando y sobre todo componiendo música durante muchos años. Según decía su colega Dmitri Shostakovich, lo hacía exactamente del mismo modo y con el mismo estilo de antes. Su historia la contó en 1965 el famoso psicólogo soviético Alexánder Románvich Luria,[10] que describió con detalle hasta la autopsia del músico, en la que se confirmó un daño extendido por el hemisferio cerebral izquierdo.

Casi análogos son los casos del compositor inglés Benjamin Britten, de George Gershwin, autor de la famosísima *Rhapsody in Blue*, y del organista y compositor francés Jean Langlais. Por fin, entre los ciudadanos comunes, hay que recordar a Susan S., que tras un daño aún mayor en el hemisferio izquierdo se volvió completamente afásica: no entendía lo que se le decía, no podía hablar, ni leer, ni decir nada que no fuera «te quiero». Pero podía cantar.

La disposición natural para la música

Los casos clínicos de Ravel, Shebalin y Susan S. corresponden a personas que sufrieron un daño en el hemisferio izquierdo y que, pese a perder la capacidad de hablar, conservaron sus habilidades musicales en diferente medida. En Suecia se describió por primera vez un caso así en 1745, el de un hombre que solo sabía decir «sí», pero que podía cantar.[11] Durante todo el siglo XIX se intentó localizar un centro de la música, del mismo modo que Broca había localizado el del lenguaje: en 1865 se describió el caso de un músico con afasia pero sin amusia[12] y en 1871, en la revista médica *Lancet*, apareció el caso de dos niños afásicos, uno de los cuales sabía cantar con palabras y el otro sin ellas.[13] Desde entonces se han descrito otros muchos casos de personas con defectos del habla que siguieron tocando instrumentos, dirigiendo una orquesta o, simplemente, cantando. Durante todo el siglo XX se registraron al menos media docena.

Sin embargo también existen casos de lo contrario, es decir, de personas que han perdido su capacidad musical pero que siguen hablando normalmente. Es lo que le ocurrió a la directora de un restaurante, I. R., que a los veintiocho años sufrió una grave lesión cerebral bilateral en el córtex auditivo tras una intervención quirúrgica necesaria para la reparación de dos aneurismas, uno a la derecha y el otro a la izquierda. Lo realmente sorprendente en su caso fue la completa recuperación de todas sus habilidades, incluida la intelectual, aunque perdió las musicales: I. R. procedía de una familia de músicos profesionales; aunque había elegido otro camino sabía de música, la practicaba y la amaba, por lo que pudo valorarse perfectamente su grado de discapacidad.

De la historia de I. R. podemos aprender mucho. En primer lugar, según algunos científicos, desmiente que el lenguaje hablado sea una habilidad más compleja y, por tanto, más frágil que la música, [14] como se podría creer. En otras palabras, I. R. demuestra que los casos de afasia sin pérdida de la musicalidad dependen, si acaso, de una separación entre las dos funciones en el interior del cerebro. Podríamos pensar, pues, que la música quizá tiene un sistema de circuitos cerebrales propios, perfectamente separados de los demás.[15] Pero ¿dónde están? Si las zonas del cerebro utilizadas para escuchar un concierto son numerosas —desde el área auditiva primaria que nos permite reconocer los sonidos al sistema límbico, que nos hace sentirnos bien cuando cantamos—, ¿existe una parte del cerebro (o, mejor dicho, un sistema) destinado expresamente a la audición de música? La pregunta es fundamental para comprender cómo ha evolucionado esta. Y en particular para comprender sus relaciones con el lenguaje. La teoría de Darwin, según la cual nuestros tatara-tatarabuelos empezaron primero a hacer gorgoritos (para atraer a sus parejas) y luego a hablar, cuenta aún con el apoyo de muchos científicos. Y también con opositores, según

59

los cuales la música simplemente aprovechó, como un parásito, los circuitos evolutivos creados para el lenguaje y otras funciones.

Evidentemente no existe una respuesta precisa. Ni podemos esperar que llegue pronto, ni siquiera con los nuevos mecanismos de los que disponen actualmente los neurólogos.

Música y lenguaje

Lo que sí podemos es empezar a decir que, en la mayoría de los casos, si el daño se produce en el hemisferio izquierdo se sufre un déficit de la musicalidad y del lenguaje, o solo del lenguaje: por ejemplo, se tienen dificultades para reconocer las palabras habladas o cantadas. Por otra parte, en los pocos casos en los que se ha observado una pérdida de las habilidades musicales no acompañada de una pérdida del lenguaje, la lesión cerebral habitualmente aparecía a la derecha; y al revés, los pacientes con una lesión en el hemisferio derecho no parecen reconocer las melodías cantadas sin palabras.

La conclusión de esto podría ser que, mientras las áreas del lenguaje están a la izquierda, las de la música están a la derecha. O mejor dicho, principalmente a la derecha. La separación entre las dos funciones la estudió Diana Deutsch,[16] psicóloga de la Universidad de California que ya en 1969 demostró que la memoria musical y la memoria verbal son dos funciones independientes. Y poco años más tarde lo hizo también Doreen Kimura, psicóloga canadiense que localizó estas dos funciones haciendo escuchar música a un grupo de voluntarios (todos diestros) por un oído, mientras por el otro una voz recitaba números: el resultado demostró por primera vez un papel preponderante del hemisferio cerebral derecho en la memoria musical.[17]

Esta visión empezó a ser cuestionada a mediados de los años setenta, cuando un artículo publicado en *Science* en 1974 por los psicólogos estadounidenses Thomas Bever y Robert Chiarello demostró que la preponderancia del hemisferio derecho solo se registra en los que no son músicos.[18] Los que sí, por el contrario, reconocían con mayor facilidad los fragmentos que les tocaban al oído derecho y, por tanto, los elaborados en el hemisferio izquierdo. Se interpretó, por tanto, que en la izquierda se desarrollaban las funciones analíticas —prevalentes en

POR QUÉ NOS GUSTA LA MÚSICA

los músicos profesionales durante la escucha—, mientras que las experiencias sintéticas y globalizadoras se producían en la derecha.

Pero hoy sabemos que asignar de un modo tan neto un hemisferio a la música y otro al lenguaje tiene poco sentido, tal como se confirmó con otros estudios basados en técnicas de imagen neuronales: [19] se ha observado que los músicos, ante ejercicios de reconocimiento armónico o melódico, usan más la mitad izquierda del cerebro, mientras que los no músicos usan la derecha. Es decir, que las estrategias cognitivas puestas en acción cuando se oye música son diferentes: es probable que los músicos usen en parte también competencias verbales para memorizar y utilizar los datos musicales con eficiencia.

En todo caso se podría afirmar quizá que existen componentes de la musicalidad disociables del lenguaje, como demuestran también algunas investigaciones realizadas con arias de ópera modificadas de modo que la última nota estaba desafinada o con la última palabra cambiada: en ambos casos, los tiempos de reacción del cerebro son diferentes. Si además se desafina una nota y se cambia una palabra, ambas reacciones se suman.

Pero existen también otros componentes de música y lenguaje estrechamente ligados entre sí. Los pocos casos de músicos profesionales que han sufrido un accidente cerebrovascular confirman que este vínculo es más estrecho cuanto más alto es el nivel de especialización musical.

Con las nuevas técnicas de diagnóstico por imágenes se ha dado un nuevo paso adelante. Se ha visto, por ejemplo, que algunas funciones cerebrales determinadas participan en ambas actividades, como es el caso de la sintaxis. [20]

Cuando hablamos, utilizamos la sintaxis para ordenar las palabras en el interior de la frase: por ejemplo, en español decimos casi siempre el sujeto antes del verbo y luego añadimos el complemento directo. En el caso de la música, la sintaxis parece hacer lo mismo, ordenando los sonidos en el interior de las frases musicales. La idea es que música y lenguaje comparten esta capacidad, pero usándola de un modo diverso.

Otro descubrimiento reciente ha sido la observación de que el córtex auditivo del hemisferio es más hábil en la discrimina-

61

ción de las diferencias de altura entre los sonidos; es más, tal
como ha observado un grupo de investigadores franceses que
estudió el cerebro de cincuenta y cinco personas durante una
intervención neuroquirúrgica, en el córtex derecho la distribución tonotópica es muy evidente, mientras que en el izquierdo
lo es mucho menos:[21] se puede plantear la hipótesis, por tanto,
de que el hemisferio derecho está especializado en el reconocimiento de la altura de los sonidos (los tonos) y el izquierdo en
la identificación de los ritmos.

Según los investigadores, tras esta lateralización habría un
factor importante: la necesidad de elegir si extraer la información sonora del ambiente con una determinada velocidad o una
determinada precisión.[22] Es decir, que a veces en un estímulo sonoro puede resultar útil sacrificar el detalle a favor de una mayor velocidad de percepción, como cuando hay que comunicar
con palabras. En el caso de la música, en cambio, el cerebro puede optar por una modalidad de comprensión más lenta pero
más detallada. Así, se podría plantear que tanto la música como
el lenguaje nacieron y evolucionaron como parte de un sistema
más amplio de reconocimiento de los sonidos ambientales.
Como veremos en el próximo capítulo, esta idea no es exclusiva de los neurólogos que fotografían el cerebro, también la sostienen quienes estudian la historia de la especie humana a través de los testimonios del pasado y en comparación con los
otros primates.

Los extraños casos de Isabelle Peretz

Pero ahí está el problema: uno de los modelos más en boga sobre el funcionamiento cerebral retoma el concepto de la modu-
laridad, propuesto en los años ochenta por el psicólogo estadounidense Jerry Fodor: el cerebro puede considerarse un conjunto
de módulos separados, cada uno con sus propias reglas y con sus
propias características, que nos permiten disponer de ciertas habilidades.

A la luz de lo visto hasta ahora, ¿poseen música y lenguaje
módulos diferentes y separados? Aunque las pruebas de imagen neuronales, como hemos visto, aparentemente hacen que
nos inclinemos por el no,[23] la neuropsicología lo hace con mayor decisión a favor del sí. La música, según sostienen algunos

psicólogos, tiene un módulo propio, con una ubicación anatómica precisa,[24] como si tuviera su sitio en el estante de una librería, y el problema de las técnicas de imagen neuronales es simplemente que aún no son capaces de mostrárnoslo. Precisamente lo que explicaría la separación entre música y lenguaje serían los casos como el de I. R. y otras personas que han perdido sus habilidades musicales sin mostrar afasia. Y los numerosísimos casos de personas desafinadas como campanas, incapaces incluso de cantar *Blanca Navidad* pero perfectamente capaces de distinguir una afirmación de una pregunta construida con las mismas palabras («¡Habla francés!» o «¿Habla francés?»)

En particular, se supone que los módulos usados para escuchar la música son dos: uno para la altura de los sonidos y otro para el ritmo; el primero a la derecha y el segundo a la izquierda.[25] Y luego está la memoria musical, que según algunos autores tendría un tercer módulo en exclusiva.[26]

Entre los neuropsicólogos que defienden este enfoque con mayor énfasis se encuentra la pionera de los estudios sobre trastornos musicales, Isabelle Peretz, que desde hace más de veinticinco años sitúa pacientemente ante un pentagrama y un micrófono a las personas más desafinadas que encuentra. «Para mí —explica— es un trabajo fascinante, como una historia de espías. Tras todos estos años, aún no me aburro».[27] Sus artículos científicos y sus ponencias están cargados de anécdotas, o más bien de casos clínicos de personas que presentan defectos de percepción musical sin tener ningún déficit verbal, o viceversa.

Es el caso de C. N., que perdió la capacidad de reconocer las melodías tras una lesión bilateral en el córtex auditivo primario, aunque conserva el sentido del ritmo. O el caso de G. D., un anciano afásico a causa de una gravísima demencia, que ya no habla y que está permanentemente desorientado, pero que es capaz de repetir casi a la perfección cualquier melodía tras oírla por primera vez. O el de Alberto, que nació sin oído para la música (como veremos a continuación, se dice que sufre de «amusia congénita») y que si oye la música de *La Marsellesa* sin la letra, no es capaz de reconocer de qué música se trata.

Por último está Jonathan, el último caso del laboratorio neuropsicológico de Peretz: un flautista diplomado en el con-

63

servatorio que llegó allí como asistente. Un día le confesó que no tenía nada de oído, o que al menos eso decía su mujer, que también era músico profesional. Y así se convirtió en un valioso objeto de estudio. Peretz cuenta que si Jonathan tiene que cantar de pronto algo facilísimo como el *Cumpleaños feliz*, desafina de un modo terrible, hasta el punto de que dan ganas de taparse los oídos. Aun así, el asistente tiene oído absoluto, es decir, la capacidad de reconocer la altura de una nota cualquiera. Si alguien se sienta al piano (instrumento de investigación indispensable en el laboratorio de Peretz) y presiona una tecla cualquiera, Jonathan reconoce al vuelo de qué nota se trata. Y si tiene que solfear una melodía —leerla de un pentagrama cantando los nombres de las notas— no tiene ningún problema. Por eso Jonathan consiguió sacarse el diploma en el conservatorio sin que nadie se diera cuenta de su anomalía. Además, se trata de una persona joven y de perfecta salud, culta y brillante, carente de cualquier defecto importante del habla, que acudió al laboratorio de neuropsicología canadiense solo para echar una mano con su flauta.

Lo que ahora apasiona a Isabelle Peretz y a sus colegas es el porqué de este extraño fenómeno: Jonathan tiene oído absoluto, pero parece estar desprovisto completamente de oído relativo, es decir, no sabe ceñirse a una tonalidad arbitraria, elegida sin pensar solo para cantar, como hacemos en cambio la mayoría. Y no solo eso: Jonathan no sabe usar su oído absoluto en condiciones normales, como en una fiesta de cumpleaños, y no oye cómo desafina.

Huelga decir que Jonathan no conseguirá alejarse del laboratorio de Peretz tan fácilmente, porque se ha convertido en candidato de excepción a sujeto de estudio.

SEGUNDA PARTE

Donde, entre tantos estudios sobre el comportamiento
de animales y neonatos, se reflexiona sobre la
evolución de los gustos musicales y sobre
la función de la música en el hombre, para
comprender qué fue lo que nació
primero: si la música o el lenguaje.

Capítulo 4

Hermano chimpancé, hermana bonobo

Varios miles de años antes de que las notas de la flauta de Geissenklösterle empezaran a resonar por los valles de Suabia, otra flauta de hueso hacía bailar a los antiguos europeos en Eslovenia. Fue tallada entre 43.000 y 82.000 años atrás del fémur de una especie de oso hoy extinguida, y volvió a salir a la luz en 1995, durante unas excavaciones en Divje Babe, de manos del paleontólogo esloveno Ivan Turk.

Las diferencias de esta con respecto a la flauta de Geissenklösterle son numerosas. En primer lugar, el instrumento esloveno es un objeto de estructura mucho más simple que el elaborado con el colmillo de mamut, hasta el punto de que muchos antropólogos creen que quizá ni siquiera es una flauta. Pero si lo fuera podría llevarse el récord al instrumento musical más antiguo hallado nunca en el planeta. Por otra parte, el asentamiento de Divje Babe se atribuye al hombre de Neandertal.

El hombre de Neandertal no es un antepasado directo nuestro, pese a pertenecer, como nosotros, al género *Homo*. Esta especie se extinguió hace unos treinta mil años, después de cohabitar en Europa durante quince mil con los primeros *Homo sapiens*, entre ellos con el propietario de la flauta de Geissenklösterle. Por tanto, si se pudiera decir con certeza que lo de Divje Babe es una flauta, se podría afirmar que la interpretación musical no es exclusiva de nuestra especie.

Pero ¿y los otros animales? Salvo los protagonistas de dibujos animados o de fábulas, los animales no parecen contar con una gran producción musical, al menos tal como la entendemos nosotros. Hay animales que silban y otros que cantan para comunicarse entre ellos; algunos golpean troncos de árbol y otros incluso usan ultrasonidos en el agua para llamarse o para comunicarse un peligro a distancia. Pero ¿se trata realmente de música? ¿Qué están haciendo los animales mientras silban, maúllan o tamborilean?

Para comprender la musicalidad del hombre es imprescindible la comparación con las otras especies animales, porque permite plantear hipótesis plausibles sobre el modo en que se han desarrollado ciertas habilidades y el motivo por el que han sido elegidas por la evolución. En particular, estudiar las especies más próximas a la nuestra y comprender qué saben hacer y qué les parece agradable puede servir para abrir ventanas al pasado y para ayudarnos a repasar nuestra historia. Por el contrario, observar las especies de las que nos separamos hace mucho tiempo, como ballenas o gorriones, puede aportar sugerencias sobre las funciones de la música en el mundo animal y, por tanto, también en el nuestro.

Analogías y homologías

Empecemos por los animales que menos se parecen a nosotros. A primera vista, las especies que cantan —como las ballenas o los gorriones— producen estímulos sonoros muy parecidos a lo que nosotros llamamos música. No obstante, sea lo que sea, desde luego no puede ser una habilidad que hayamos heredado de un antepasado común, porque el que existió entre ballenas, gorriones y hombres vivió hace muchísimo tiempo: más de trescientos millones de años. Y no todos sus descendientes muestran esa propensión particular por la música común entre aves y cetáceos.

En términos evolutivos se dice que la presencia de una habilidad parecida en tres especies tan lejanas representa una analogía, es decir, una característica seleccionada por su eficiencia en la solución de ciertos problemas, pero no puede localizarse en un antepasado común a los tres. Lo mismo puede decirse, por ejemplo, de las aletas de los peces y de los delfines, en este caso mamíferos: es una característica muy práctica para quien vive en un ambiente acuático y por ello fue seleccionada, de forma independiente, en unos y en otros.

Estas analogías son realmente interesantes, sobre todo si se estudian las adaptaciones naturales y los impulsos selectivos, porque demuestran cuáles han sido las soluciones más ventajosas para la supervivencia en ciertos ambientes. Pero no dicen cuándo apareció una característica dada en una especie determinada, así que no sirven para explicar cuándo empezaron a cantar nuestros antepasados.

Para entender cuánto tiempo hace que existe la música y cómo llegó hasta nosotros nos será más útil la comparación con las especies animales más próximas, lo que permite recorrer nuestro árbol evolutivo hacia atrás. Así los monos, como parientes más próximos (entre nosotros y los chimpancés solo hay cinco millones de años) pueden decirnos mucho sobre cómo oía la música nuestro antepasado común. Si al observarlos encontramos algún rastro de habilidad musical similar a la nuestra, es probable que no se trate de una analogía, sino que sea más bien lo que en términos evolutivos llamamos homología: una característica preexistente al nacimiento de ambas especies y que perteneció a un antepasado de la que descienden ambas. Eso nos permitiría dar una fecha exacta de la aparición de dicha característica y quizás incluso comprender el porqué de la selección de ese rasgo.

Un ejemplo: saber que un vecino de casa tiene el cabello rizado como nosotros puede ser una curiosidad más o menos útil según lo que estemos buscando (si somos peluqueros, saber que la mayor parte de los habitantes del barrio tiene el cabello rizado podría hacernos renunciar a la compra de un gran número de rulos y cascos para la permanente). El cabello rizado del vecino es una analogía que nos ayuda a reconstruir la imagen de nuestros antepasados. En cambio, saber que nuestros primos segundos tienen el cabello rizado, como nosotros, puede hacernos pensar que también nuestros bisabuelos en común tenían el cabello rizado. Eso es una homología, como las que buscan los científicos que estudian la música a través de los monos.

Desde luego, para acercarnos aún más a la imagen real de nuestros bisabuelos —y quizá también a la de nuestros abuelos— sería mejor poder observar también a nuestros primos de primer grado. Y en el caso de la especie humana nuestro primo sería el hombre de Neandertal. Pero este presenta un problema: ya no existe; se extinguió. Así que no podemos sentarlo ante un

69

micrófono o grabarlo a escondidas mientras canturrea por la selva. Para saber cómo tocaba y qué tocaba, solo podemos recurrir a los testimonios del pasado, como la presunta flauta de Divje Babe. Y a sus ambigüedades.

Como decíamos, no todos los paleontólogos están de acuerdo en considerarla una flauta: también podría ser una pieza fortuita, un trozo de hueso perforado por los dientes de un animal.[1] Pero si no fuera así quizá también nuestros primos prehistóricos desarrollaron una forma de música, pese a que muy probablemente no hicieron lo propio con un idioma hablado.

Si conseguimos aclarar todos los puntos oscuros de la historia podremos dar un buen salto atrás en el tiempo, hasta el antepasado común entre el Neandertal y nosotros, que habría vivido entre medio millón y un millón de años atrás. Sería como haber descubierto que también nuestro único primo muerto hace muchos años tenía el cabello rizado, y deducir que probablemente nuestro abuelo también lo tenía así.

En el caso del *sapiens* y del Neandertal tampoco podemos excluir que la música sea una analogía, como la que se da entre nosotros, las ballenas y los gorriones: en el fondo, si la música proporcionó alguna ventaja a nuestros progenitores, quizá también fuera útil a sus primos, que vivían en el mismo entorno. Pero ¿cuál podría ser esa ventaja?

Si, en cambio, la música fuera realmente una homología, podríamos preguntarnos si es posible ir aún más atrás en el tiempo: suponiendo que nosotros y los Neandertal hayamos heredado la música de nuestro antepasado en común, ¿este de dónde la sacó? ¿Y cómo la usaba?

Por último, el hecho de que los Neandertal contaran con la música pero no con el lenguaje, ¿qué nos dice de la relación entre estas dos habilidades?

Para intentar responder a estas preguntas solo nos queda echar un vistazo a nuestro alrededor y observar el comportamiento de otros animales vivos.

La octava de los monos

Partamos de los monos. ¿Qué sabemos de su musicalidad? En realidad, no mucho. Un experimento realizado hace unos años (a decir verdad, bastante controvertido) demostraría que los monos son capaces de distinguir melodías y de reconocerlas incluso transportadas una octava (es decir, cuando se tocan en un tono más alto o más bajo, pero a partir de la misma nota. Sería como decir que pueden reconocer *Frère Jacques* tanto cuando se toca partiendo de un *do* alto como de uno bajo). Una misión que para la mayoría de nosotros sería realmente banal.

En el experimento, realizado por un grupo de científicos estadounidenses, se adiestró a dos monitas *rhesus* para que pudieran indicar si dos sonidos presentados a la vez eran iguales o no.[2] Las monas estaban en una salita con tres altavoces: el central emitía un sonido, e inmediatamente después los dos altavoces laterales emitían otro, igual o diferente. Las monas tenían que escuchar y después emitir su juicio tocando uno de los dos altavoces laterales: el de la derecha significaba que «el segundo sonido es igual al primero»; el de la izquierda significaba que «los dos sonidos son diferentes».

Después el juego se complicó un poco y en lugar de las notas se les hizo escuchar breves melodías. Pero la misión de las monas era la misma: tenían que indicar, tocando uno de los altavoces situados en las paredes laterales, si se trataba de la misma melodía.

El resultado fue sorprendente porque demostró que los monos tienden a reconocer dos melodías si son idénticas salvo por la trasposición en una o dos octavas, igual que ocurre entre los seres humanos. Eso demostraría que para estos animales la octava también tiene un significado particular: en otras palabras, que no sería una unidad arbitraria inventada por el hombre y su oído.

Por lo demás, tal como había observado ya Pitágoras, un *do* alto y un *do* bajo son los dos sonidos que se obtienen, respectivamente, pellizcando una cuerda y luego la misma dividida por la mitad. Así, desde el punto de vista físico, un sonido tiene una frecuencia del doble del otro. El tímpano de los monos, como el nuestro, recibe el impacto de las ondas de compresión y descompresión del aire, pero no estaba tan claro que en su caso oído y cerebro estuvieran equipados de modo que pudieran reconocer los dos sonidos y relacionarlos.

El experimento estadounidense también demostró que los monos no reconocen la melodía si se transporta, por ejemplo, una tercera o una quinta. Es decir, no reconocen *Frère Jacques* si oyen una versión que parta del *do* y luego vuelven a oírla en una versión que parta del *mi* o del *sol*. En los tres casos, los intervalos entre la primera y la segunda nota, entre la segunda y la tercera, etc. son siempre los mismos: así que la melodía resultante suena siempre igual, aunque sea más aguda o más grave. Y de hecho nosotros, a diferencia de los monos, decimos en todos los casos que es *Frère Jacques*, del mismo modo que cuando reconocemos *Something Stupid* interpretada por Frank y Nancy Sinatra o Robbie Williams y Nicole Kidman reconocemos, en cierto sentido, la forma de la melodía.

Pero existe un obstáculo a la vocación musical de los monos: nuestros primos reconocen la octava solo si la melodía se toca en una escala diatónica.

La escala diatónica es la que utilizamos normalmente en Occidente, compuesta por siete notas separadas por intervalos desiguales entre sí: el tono y el semitono, el primero con una amplitud del doble que la del segundo.[3] En nuestra cultura, la escala diatónica principal, la del *do* mayor, se compone de intervalos de un tono de amplitud (como entre *do* y *re*, o entre *re* y *mi*), y de intervalos de un semitono (como entre *mi* y *fa*).

Tal como decíamos, los monos no reconocen la octava si la tocamos en escalas no diatónicas como la pentatónica (compuesta por cinco notas). O en otras escalas artificiales inventadas por los científicos expresamente para este experimento.

En el fondo, esto podría ser un detalle a favor de las raíces comunes de nuestra musicalidad y de la de los monos (realmente muy limitada): en todas las culturas humanas, la música se basa en la octava dividida en intervalos desiguales, e incluso los neonatos, como veremos más adelante, parecen estar más predispuestos a la audición de melodías construidas con escalas de este tipo. Así pues, nuestra preferencia por la alternancia entre intervalos desiguales parecería natural e innata.

El experimento sobre los monos *rhesus* confirmaría esta hipótesis. Dado que los simios no producen música y que, en general, tampoco la escuchan, observar que ellos también reconocen con mayor facilidad melodías en escalas similares a las que usamos nosotros podría demostrar que nuestra preferencia por dichas escalas depende de propiedades generales del sistema auditivo y no de la cultura en la que hemos crecido.[4] En conclusión, el experimento parece decirnos que la octava y su subdivisión en partes desiguales no nos la hemos inventado por casualidad. Y no es ninguna coincidencia que sean características tan extendidas en la música de toda la Tierra.

Consonancia y disonancia

Otros experimentos de corte menos empírico (también son bastante pocos) han comparado el comportamiento de hombres y simios observando directamente su cerebro en acción cuando escuchan música de diferentes tipos. En estos casos los científicos pueden hacer una valoración de la actividad cerebral utilizando instrumentos y aparatos más o menos complejos, que sirven precisamente para observar directamente qué partes del sistema nervioso central actúan y de qué modo. Con métodos de este tipo se han intentado comparar, de forma objetiva, nuestros gustos y los de los simios; por ejemplo para comprender por qué existen intervalos entre notas que nos parecen más agradables y otras que nos dan una sensación de inconclusión y suspensión. Es la cuestión —para nada banal— de la consonancia y la disonancia, dos conceptos que provocan discusiones entre científicos y músicos, y para las que aún no se ha encontrado una definición aceptada por todos.

Para simplificar al máximo, podemos decir que un intervalo consonante es la suma de dos sonidos que resulta agradable al oído, que da una sensación de estabilidad y de conclusión a la frase, como la cuarta justa (las primeras dos notas de la *Marcha Nupcial* de Wagner).[5] En cambio, un intervalo disonante se compone de sonidos que, juntos, producen una sensación desagradable, mientras que en secuencia hacen pensar en una frase incompleta, como una segunda mayor (*do-re*, las primeras dos notas de una escala, y de *Frère Jacques*). Pero «agradable» no es un término intersubjetivamente válido, por lo que esta definición de consonancia puede no ser aceptable para los músicos. Así pues, antes de pasar a los resultados de los experimentos sobre intervalos consonantes y disonantes hagamos una digresión histórica.

Para Pitágoras, consonancia y disonancia eran conceptos matemáticos precisos: lo que decidía la belleza de un intervalo era precisamente la relación numérica que lo describía, porque el secreto de la armonía residía en el poder mágico de los números. En cambio, para Kepler los números tenían una importancia indirecta: podían describir el movimiento de los cuerpos celestes.

Vincenzo Galilei fue el primero que observó que las relaciones matemáticas son solo válidas para cuerdas construidas con el mismo material y exactamente del mismo grosor, así que únicamente tenían un valor abstracto: es insensato, sostenía, usarlas de referencia para explicar las preferencias de nuestro oído.[6] Galileo siguió la estela de su padre, anticipándose prácticamente al pensamiento de los neurólogos de hoy y relacionando la idea de consonancia y disonancia con la estructura del aparato auditivo. Para el científico toscano, la molestia generada por la disonancia dependía de la falta de sincronización de las percusiones de la membrana timpánica, activada por dos sonidos de frecuencias no mesurables. Galileo atribuyó la consonancia a dos frecuencias con una relación simple entre ellas, como 2/3 (cada tres vibraciones de una y cada dos de la otra, el tímpano recibe el impacto conjunto de ambas):

> Consonantes, y con deleite recibidas, serán las parejas de sonidos que vayan a percutir con cierto orden sobre el tímpano, que orden busca. Ante todo, los pulsos producidos por dos tonos, al mismo tiempo, deben ser conmensurables en número, de forma que no mantengan el tímpano en el estado de tormento perpetuo que supone tener que inflexionarse de dos modos diversos para consentir y obedecer a las emisiones siempre disonantes.[7]

Después Helmholtz precisó: la consonancia es una sensación continua y la disonancia una impresión sonora intermitente que deriva de lo que en física se llama batimento: una especie de gañido que se oye bien, por ejemplo, en el momento en que un violinista afina su instrumento, modificando poco a poco la altura de una de las dos cuerdas que está tocando; cuando está afinado, el gañido cesa. Pero para nosotros esta definición es poco precisa, porque los batimentos también existen en los intervalos consonantes.

Por lo demás, los músicos sostienen que los intervalos comúnmente llamados disonantes pueden no resultar en absoluto desagradables, e incluso se usan normalmente en composición. Consonancia y disonancia son conceptos casi aleatorios, hasta el punto de que hay quien sostiene, como el compositor checo Leoš Janácek, que la historia de la música se puede explicar como un progreso de adaptación del hombre a las disonancias. Así que tiene poco sentido afirmar simplemente que una consonancia suena bien al oído. Para los músicos, realmente, hablar de consonancia y disonancia equivale a discutir sobre gustos alimentarios. La macedonia de fruta con salchichas resulta desagradable como concepto, pero no lo es objetivamente. En restaurantes elegantes comemos cosas como el pollo con ciruelas o el pato a la naranja, y acompañar el queso con mermelada nos hace sentir verdaderos gourmets. Sin embargo, hasta hace unas décadas la combinación de sabores de carne y fruta no era algo habitual.

Pero volvamos a lo que dicen los científicos. Un grupo de investigadores estadounidenses[8] ha usado electrodos intracraneales (que se ponen en contacto con el cerebro, después de retirar la corteza craneal). Como no resulta fácil encontrar a personas dispuestas a inmolarse en nombre de la ciencia, los investigadores utilizaron a dos pacientes que de todos modos tenían que ser operados por un neurólogo. Los resultados del experimento confirmaron las similitudes entre el funcionamiento del cerebro humano y el de los monos, que se comportan de manera análoga cuando se les expone a intervalos consonantes y disonantes.

Con los sistemas de búsqueda más sofisticados y con el estudio de la propiedad de las neuronas de algunos animales de laboratorio, los científicos intentaron afrontar el asunto de un modo detallado. Tras haber verificado en diversos experimentos que las neuronas de la corteza auditiva responden de forma particular a los intervalos pitagóricos, cabe pensar que la consonancia es una cuestión objetiva, relacionada con la estructura de nuestro aparato auditivo, como decían Galileo y Helmholtz. Por el modo en que responde el oído a dos frecuencias diferentes que nos llegan a la vez, todos tenemos la misma sensación, que puede ser más o menos agradable: solo en un segundo momento, la educación musical y las experiencias pueden influir en la capacidad de apreciar ciertos intervalos. Es lo que sostiene, por ejemplo, el neurólogo estadounidense Mark Jude Tramo, que ha estudiado el comportamiento de las fibras del nervio acústico de los gatos en respuesta a intervalos diversos.[9]

Con todo, hay quien piensa que encontrar una explicación biológica a la que por tradición llamamos consonancia permitiría también afirmar que existe una música objetivamente buena y una objetivamente mala, que pueden distinguirse entre sí a partir de una base científica. Más específicamente, estos científicos la toman con cierta música moderna y experimental, cuyas composiciones, sostienen, solo puede apreciar un restringido grupo de expertos, ya que no están hechas para que las disfrute un público «normal». Es también lo que sostiene el físico italiano Andrea Frova:

> La conclusión general sobre la base de las observaciones es que la teoría clásica de la armonía refleja propiedades fisiológicas y anatómicas del sistema auditivo y de los sistemas cognitivos asociados, igualmente válidas para todas las especies animales y para todas las poblaciones del mundo.[10]

En conclusión, observar que, tanto desde el punto de vista conductual como neurológico, seres humanos y simios responden a determinados estímulos acústicos de la misma manera podría querer decir que las estructuras que nos permiten percibir los sonidos son mucho más antiguas que nosotros mismos. Y que una parte de nuestros gustos depende más de la biología que del ambiente en el que hemos crecido.

Pero las diferencias entre nuestro cerebro musical y el de otros primates son realmente enormes. Y entre hablar de reconocimiento del intervalo de octava y declarar que a los monos les gusta la música como a nosotros hay un abismo. No se trata de una simple curiosidad: saber si otros primates son capaces de apreciar la música es esencial para indagar en los orígenes de nuestro amor por las notas.

Preferencias musicales: estudios comparativos

Este es el motivo por el que Marc Hauser, de la Universidad de Harvard, y Josh McDermott, del Instituto Tecnológico de Massachusetts (MIT), ambos en Boston, estudian la percepción de la música por parte de los primates, buscando en nuestro árbol genealógico el origen de una sensibilidad que realmente parece ser solo humana.

Para saber a qué nos enfrentamos puede ser interesante observar que McDermott, como muchos de los científicos de los que hablaremos en este libro, es un apasionado de la música. Su tarjeta de visita dice

JOSH MCDERMOTT
DJ y coleccionista de música
Soul, disco, boogie, house, RnB, etc.
Presentador de *El fantasma de la música*
Radio WMB, Cambridge, los domingos por la tarde

Y se escapa de los congresos en cuanto puede para ir en busca de vinilos.

Hauser y McDermott hacen investigaciones de tipo comparativo, es decir, basadas en la comparación de las respuestas a la música por parte de diferentes especies animales vivas, que tienen entre otros el objetivo de comprender cuándo nacieron ciertas características en nuestra mente. Se trata de un nuevo hilo de investigación que propone las mismas preguntas que las primeras investigaciones sobre el lenguaje. Lo que se espera es llegar a la formulación de una teoría lo más compartida posible sobre el origen y la función de la música, y acerca de las modalidades de audición de la música por parte de nuestro cerebro. ¿Nació como resultado de una adaptación? En otras palabras: ¿le ha supuesto alguna ventaja al ser humano en el transcurso de su evolución? De ser así, ¿cuál?

Tal como sostenía Charles Darwin, con estos y otros estudios podremos descubrir que la música sirvió a nuestros antepasados como reclamo sexual, para atraer a individuos del otro sexo, como hacen los pavos reales con la cola. O como medio para mantener el grupo unido, como hacen, aparentemente, los pajarillos. O también podría haber nacido para satisfacer necesidades en cierto modo espirituales, ausentes en las especies animales pero presentes en los ritos religiosos de todo el mundo.

Los estudios comparativos también tienen una ventaja práctica que no hay que olvidar: estudiar a los animales es relativamente fácil, más que estudiar a los seres humanos, entre otras cosas porque los animales no encenderían nunca de forma espontánea un equipo de alta fidelidad, ni escucharían nunca nuestra música. Así, experimentos como el realizado con las monitas que reconocen sonidos iguales se pueden basar en la presuposición de que los animales sean «vírgenes» desde el punto de vista musical. Y en cualquier caso, los investigadores siempre pueden conocer en qué medida han estados expuestos a la música a lo largo de sus vidas y si alguno de ellos, que quizá tenga la tele dentro de la jaula, ha visto el último Festival de San Remo.

De este modo, el resultado de estos estudios puede mostrar los aspectos naturales de las habilidades musicales de los monos. Y por el contrario, si realizamos el mismo experimento con dos hombres, no podremos establecer si estamos observando una característica natural del hombre —explicable en razón de la estructura de su oído, de sus vías nerviosas y de su cerebro— o algo determinado por la cultura, desarrollado en ese ejercicio continuo inconsciente de escuchar música que realizamos a diario, voluntaria o involuntariamente.

En resumen: en el caso de los animales no tiene sentido preguntarse hasta dónde llega la biología y hasta dónde la cultura a la hora de determinar las preferencias por determinados estímulos sonoros. Y no hace falta empezar por llevar a cabo complicados experimentos que permitan distinguir estos dos aspectos.

Estudiantes y tamarinos

Marc Hauser y Josh McDermott se dedicaron a la cuestión del placer de escuchar música e intentaron responder a esta pregunta: dado que los monos tienen una capacidad de percepción de la música afín a la nuestra, ¿qué podemos decir de su disfrute? ¿Les gusta? ¿Qué gustos tienen? Pero entonces llegó la gran desilusión: los monos no aprecian la música. No es que no la oigan; es que no les dice nada, les da igual. [11]

Los dos científicos realizaron un experimento con tamarinos Edipo, unos monos del Nuevo Mundo cuyo árbol evolutivo se separó del nuestro hace cuarenta y ocho millones de años. Les hicieron entrar, uno por uno, en una jaula en forma de V; al fondo de ambos brazos del espacio, un amplificador emitía un sonido diferente: por un lado un intervalo consonante y por el otro un intervalo disonante. Los amplificadores se activaban solo cuando el mono se situaba en uno de los dos brazos, de modo que era este el que elegía qué quería oír. El fin del experimento era valorar si los tamarinos tenían una preferencia particular por uno de los dos intervalos, comparando el tiempo de permanencia en las zonas de la jaula en forma de V. La decisión de valorar el tiempo como índice de apreciación se había tomado como resultado de un pequeño experimento preliminar en el que se había visto que los monos preferían estar en el brazo de la jaula en el que oían sonidos agradables, como el ruido de monos masticando comida, en lugar de en la zona en la que se emitían ruidos desagradables, como los gritos de monos asustados. Al sustituir los ruidos de monos por música, los tamarinos no demostraron tener una clara preferencia: para ellos, los intervalos consonantes o disonantes tenían exactamente el mismo atractivo.

Tal como expuso Josh McDermott durante un congreso celebrado en Leipzig en mayo de 2005,[12] se puede realizar un experimento similar con seres humanos, con lo que se verificará la diferencia radical entre los gustos de ambas especies. Se toma a un grupo de personas normales —«siempre que puedan considerarse normales los estudiantes del MIT»— y se les hace entrar, uno por uno, en una sala cuadrada con dos altavoces escondidos. Evidentemente, no debe explicárseles en qué consiste el experimento en el que toman parte, para no influir en sus elecciones. Después se acciona, alternativamente, uno de los dos altavoces según la posición que el sujeto adopta en la sala: si va más allá de una cierta línea imaginaria, se emite el intervalo consonante; si se sitúa al otro lado de esa línea, el disonante. De este modo, igual que ocurría con el mono en la jaula en forma de V, el sujeto humano puede escoger cuál de los dos intervalos prefiere oír. Y McDermott explicó que sus estudiantes del MIT se situaron en el lado del intervalo consonante en más del 90 por ciento de los casos.

Podría plantearse la objeción de que, a diferencia de los es-

79

tudiantes del MIT, los tamarinos Edipo no estaban acostumbrados a oír ningún tipo de música, por lo que no podían haber desarrollado siquiera preferencias durante el transcurso de su vida. Así que si la preferencia de los seres humanos por las consonancias fuera adquirida y no innata, y si los tamarinos tuvieran los mismos gustos que los hombres, este experimento podría no decirnos nada. Para evitar posibles equívocos, McDermott expuso a un grupo de monitos a sonidos consonantes durante cuatro meses, muchas horas al día. Después los metió en la jaula en V de antes: el resultado no cambió. Eso demostraría que no es la falta de exposición la que determina la ausencia de preferencia por las consonantes entre los primates no humanos.

McDermott se preguntó si no se trataría de una cuestión demasiado sutil, o si no habría algún error de sistema que alterara la prueba (por ejemplo que el instrumento musical con el que se producían los dos intervalos resultara particularmente insignificante para los tarmarinos), así que repitió el experimento con los monos extremando la diferencia entre los sonidos presentados. Cogió a sus tamarinos, los volvió a meter en la jaula en forma de V y por un altavoz emitió uno de los ruidos más desagradables que existen para nosotros: el de un tenedor rascando un vidrio. Pero una vez más, enfrentados a la elección entre aquel sonido y cualquier intervalo musical, los monos se mostraron insensibles al horrible chirrido. Y decidieron quedarse a partes iguales a derecha e izquierda.

McDermott pasó a palabras mayores. Probó a comparar los dos tipos de música en su opinión más alejados entre sí: una dulce nana y una pieza de música electrónica alemana muy ruidosa. Y por fin vio que los monos se decantaban a favor de la nana.

Pero aquello no implicaba en absoluto una preferencia en cuanto a estilos musicales. De hecho, al repetir una vez más el experimento, haciendo escoger a los tamarinos entre la nana y el silencio, el investigador americano obtuvo un resultado igual de elocuente: los monos prefirieron el silencio.

Así pues, según Hauser y McDermott, los monos no tienen preferencias musicales diferentes a las nuestras, ni gustos

muy extremos: lo que está claro es que no les gustan los ritmos molestos ni los ruidos fuertes. La misma conclusión se al-
canza si usamos de nuevo la jaula en forma de V para obligar
a los monos a escoger entre un timbre eléctrico que emite un
bip-bip a ritmo rápido y otro que emite el mismo sonido, pero
a un ritmo más lento. «Si se ven obligados a elegir, prefieren
los ritmos lentos. Pero da la impresión de que no les gusta en
absoluto la música», afirma McDermott.

Hay que decir, no obstante, que los tamarinos no se nos
parecen mucho: son graciosos monitos de larga cola peluda y
más o menos del tamaño de un gato. Tampoco son muy próximos a nosotros desde el punto de vista evolutivo. Para estar
realmente seguros de que la capacidad de disfrutar la música
haya nacido con el ser humano, habría que repetir el experimento con chimpancés y bonobos, las dos especies de simios
antropomorfos que más próximas son a nosotros, con las que
compartimos casi el 98 por ciento del ADN, hasta el punto que
hay quien dice que deberían incluirse en el exclusivo club del
género *Homo*.[13] Por otra parte, los estudios con tamarinos son
los primeros que se hacen en absoluto con primates no humanos y música, por lo que no existen elementos de comparación, y nadie ha contestado aún estos resultados de un modo
científicamente válido. Por ahora solo se puede decir que:

> El placer que nos impulsa a producir y a escuchar música parece ser
> una característica exclusivamente humana. No está nada claro que
> los animales que producen música —como gorriones y ballenas—
> disfruten haciéndolo, pero es fácil observar que un pájaro privado
> de la posibilidad de cantar quedaría gravemente disminuido desde
> el punto de vista social. Un ser humano, no.[14]

Barry White y el tiburón perezoso

Con todo esto, no podemos evitar pensar en todas las historias
de animales en cautividad a los que se les hace escuchar música. En las vacas melómanas, que escuchando música sinfónica
producen más leche,[15] o en los animales salvajes de los zoos,
que sin canciones románticas no encuentran el ambiente ideal
para reproducirse. ¿Qué hacemos con ellos? De hecho, parece
que hasta los peces gozan del poder relajante de la música y

que las canciones dulzonas de Barry White son lo mejor que hay para convencer a los tiburones a que se apliquen con las hembras. Un acuario inglés, el National Sea Life Centre de Birmingham, ha aprovechado este poder de la música para resolver el problema de la renuencia de los animales a reproducirse en cautividad. Sus directivos sostienen que han obtenido resultados positivos.[16]

También se han realizado estudios, más o menos rigurosos, que demuestran que los animales reaccionan de un modo muy preciso ante la música. Está el de un grupo de investigadores de la Universidad de Belfast que ha hecho escuchar a cincuenta perros de razas diversas discos de Britney Spears, un concierto de Beethoven, algo de Bach y Vivaldi, canciones de Bob Marley y un álbum de Metallica. En este último caso, observaron que los perros gruñían y aullaban hasta que no se apagaba el equipo de música.[17] Y también está el estudio realizado con chimpancés en cautividad que, observados por un grupo de primatólogos, demostraron que eran capaces de mejorar su comportamiento y de tranquilizarse si alguien les ponía un poco de música. En este caso se optó por el jazz a un volumen intermedio (los chimpancés tienen mayor sensibilidad que los seres humanos a las altas frecuencias y menor a las frecuencias medias y bajas, que son las de nuestro lenguaje hablado), y el resultado fue la mejora de la vida en la jaula: menos agresividad, menos juegos en solitario, más socialización y mayor relax.[18]

Para Josh McDermott se trata de observaciones empíricas que dejan mucho que desear desde el punto de vista del rigor experimental. A diferencia de su estudio sobre tamarinos en el espacio en forma de V, por ejemplo, en estos otros casos los investigadores sabían perfectamente qué estaba escuchando el animal mientras realizaban la observación, por lo que podían dejarse sugestionar por sus ideas preconcebidas. Es decir, que al estar convencidos del efecto beneficioso de la música sobre la iniciativa sexual de los tiburones, en el momento de la observación desde el otro lado del cristal del acuario podían convencerse de que los habían visto ponerse románticos con las hembras bajo la influencia de Barry White. Por otra parte, en todos estos casos se trataba de animales nacidos y criados en cautividad, que quizá ya entiendan qué es lo que más les gusta a los humanos de ellos. Además, mientras escuchaban la música había siempre un montón de personas alrededor de las jaulas o de las peceras: el hecho de que también los científicos estuvieran escuchando la música podría constituir otra fuente de errores, porque la música tenía sobre los humanos precisamente el efecto que se buscaba en los animales (es decir, Barry White, escogido a conciencia por su «romanticismo», los ablandaba). Los animales podrían haberlo percibido y haber modificado su comportamiento en consecuencia. De modo que a McDermott no le queda más que darnos otra decepción:

> Comprendo perfectamente que el público esté de acuerdo con las ideas tradicionales de que a los animales les gusta la música. El problema es que no está claro que estas ideas sean de verdad. Es más, probablemente no lo sean.[19]

Esto, no obstante, no significa que ciertas señales auditivas no ejerzan en los animales, como en el hombre, la función de regular el humor y las emociones. Lo reconocen los propios Hauser y McDermott: «Sabemos desde tiempos de Darwin que las vocalizaciones animales han sido modeladas por la evolución natural para transmitir informaciones específicas sobre el estado emocional del emisor»,[20] escriben los dos autores en *Nature Neuroscience*. Generalmente, en la naturaleza los reclamos más ruidosos y destacados vehiculan un mensaje agresivo, mientras que los más melódicos, suaves y dulces indican ternura. También en nuestra especie, los sonidos puramente emotivos (como el llanto o la risa) tienen más o menos estas características, del mismo modo que el lenguaje hablado adopta expresiones diversas según se grite o se susurre. Cuando nos dirigimos a un animal de otra especie, como un perro o un gato, sabemos perfectamente cómo hacerle entender que estamos enfadados por algo que ha hecho: le gritamos para convencerle de que baje del sofá. Funciona incluso con los peces: no hay más que pensar en cómo se enfada un pescador cuando alguien se pone a gritar al borde de un lago. Así pues, prosiguen Hauser y McDermott:

83

Humanos y no humanos codifican las informaciones emocionales a través de sus vocalizaciones, y tienen un sistema perceptivo hecho para responder de forma adecuada a estas señales.[21]

Este podría ser precisamente el origen de nuestras habilidades musicales.

Capítulo 5

Parole, parole, parole

Se trate de música creada para disfrutar o de las vocalizaciones necesarias para comunicar, existen sin duda muchas similitudes entre lo que producen los seres humanos y lo que suena en el mundo animal: unas páginas atrás lo hemos definido como analogías.

Hablamos, desde luego, de observaciones hechas en la naturaleza, no de experimentos realizados en un laboratorio o en un zoo, sometiendo a unos cachorros inocentes al sonido de Metallica. Aunque hay que decir que, en muchas poblaciones, el contacto con la naturaleza ha sido tan prolongado e intenso que es posible incluso pensar en alguna influencia. Por ejemplo, explica Patricia Gray, de la Academia Nacional de Ciencia (National Academy of Sciencie) estadounidense:

> Los sonidos de las ballenas en el océano se grabaron por primera vez en 1940, pero los tlingit y los inuit, y otros grupos que vivían en el mar, los han oído desde sus embarcaciones durante milenios. Del mismo modo, la comunicación entre elefantes a frecuencias bajísimas no se había podido registrar hasta hace poco, pero las tribus hutu y tutsi de las regiones centrales de África oriental hace siglos que la incorporaron en sus músicas y en sus historias.[1]

Cantos de ballena y dúos con el petirrojo
Las similitudes entre la música humana y los cantos de las ballenas no son pocas. Estas usan ritmos similares a los nuestros y, cuando componen una nueva melodía, usan el esquema ABA: con un tema principal, una variación y de nuevo el tema

principal. Estos grandes mamíferos marinos emplean numerosas repeticiones como estribillos, lo que sugiere que ellos también recurren a las frases con rima para ayudarse a memorizar, como hacemos nosotros. La extensión de sus canciones, por otra parte, es similar a la de las nuestras; es más, se sitúa a medio camino entre la duración de las baladas modernas y un movimiento de una sinfonía clásica, posible señal de que emplean mecanismos de atención afines a los humanos. Aunque tengan un registro vocal que supera las siete octavas (nosotros nos movemos en apenas dos), las ballenas usan notas separadas por intervalos pequeños, componiendo melodías que, en alguno de sus fragmentos, podrían incluso gustarnos.

Por último cabe decir que también en el mundo de las ballenas existen modas y diferencias regionales, por lo que las de una bahía usan sonidos y ritmos diferentes que las que viven en un mar lejano, tal como descubrió por casualidad un grupo de investigadores de la Universidad Estatal de Oregón.[2] El objetivo de estos investigadores estadounidenses era hacer un censo de las ballenas y seguir sus desplazamientos por el océano. Para conseguirlo, usaron viejos hidrófonos diseminados por el fondo por la Marina estadounidense durante la guerra fría para vigilar a los submarinos soviéticos, que actualmente tienen la más honrosa función de servir como instrumentos de investigación científica. Espiando las voces de las ballenas, los investigadores se dieron cuenta de que, por ejemplo, las del Pacífico noroccidental cantan de un modo diferente que las del Pacífico oriental y de las que viven cerca de Chile, como si tuvieran dialectos diversos.

También entre los pájaros hay dialectos. En particular entre los colimbos se ha observado que la llamada de los machos cambia año tras año, sobre todo cuando se trasladan y cambian de lago.[3] Esto se observó siguiendo a trece machos en sus migraciones entre Michigan y Wisconsin y grabando sus voces. La hipótesis de los científicos, un grupo de ornitólogos de la Universidad Cornell, es que los colimbos cambian de llamada para no confundirse con otros pájaros recién llegados a un nuevo ambiente y para ser reconocidos individualmente.

En cuanto a la estructura de las formas musicales, las observaciones realizadas sobre el canto de los pájaros también son parecidas a las de los cantos de las ballenas: ambos resultan mucho más agradables a nuestro oído. Algunos cantos de pájaros se han usado como acompañamiento musical, y se dice que hasta Mozart se inspiró en el canto de su querido estornino.[4] Y luego está quien, como el clarinetista y filósofo estadounidense David Rothenberg, se ha puesto a hacer dúos con las aves, creando músicas con cierto regusto *new age*.[5] Es difícil saber qué pensarán los pájaros de ese grotesco bípedo que sopla dentro de un tubo negro: si ellos también irán luego a contar a sus amigos que han cantado con un animal diferente, o si simplemente les produce curiosidad el sonido que produce aquel extraño animal. Pero sin duda los dúos de Rothenberg son la prueba de que la sonoridad de los pájaros puede integrarse en la música humana.

Lo que quizá puede sorprender es que, al igual que hay pájaros que se comunican con cantos similares a nuestra música, existen hombres que hablan silbando. Sucede en la isla de La Gomera. Los pastores de esta isla han inventado un lenguaje silbado, el silbo gomero, para poderse oír cuando se encuentran en lados opuestos de un valle o a distancias tan largas que no se pueden cubrir con un grito comprensible. El silbo gomero se considera un lenguaje propiamente dicho, porque codifica informaciones complejas gracias a una serie de tonalidades graves y agudas mantenidas más o menos tiempo. Pero también es un verdadero lenguaje porque la resonancia magnética funcional ha demostrado que el cerebro de los pastores elabora los silbidos con las mismas áreas cerebrales que elaboran la lengua hablada.[6] Así, tal como sucede en el caso de muchas otras lenguas en vías de extinción, desde hace unos años se ha decidido enseñarlo también en las escuelas de la isla, para evitar que el tiempo borre su recuerdo.

Gramáticas de seducción

Tras haber repasado algunas analogías —mejor o peor documentadas— sobre las formas musicales humanas y animales, hablando de nuevo de sus funciones, no podemos dejar de señalar que en los animales la producción musical se presenta muy vinculada a las necesidades sexuales. Tal como había observado ya Charles Darwin, muchos animales cantan para atraer a una compañera, mostrándole su vigor físico y su disponibilidad. O lo hacen para ahuyentar a sus rivales en el cortejo, para advertirlos de que la hembra en cuestión ya no está libre y que más vale que se mantengan alejados. Así, mientras a una edad temprana las vocalizaciones animales suelen ser genéricas y quizá desordenadas, con la madurez sexual se vuelven precisas, características de la especie y tienen el objetivo preciso de buscar la cópula.

En los canarios, por ejemplo, esto resulta muy evidente, tal como demuestra un reciente experimento efectuado por tres investigadores estadounidenses y suizos.[7] Los cantos de los canarios, según explican los científicos en su artículo, tienen una estructura muy rígida y precisa: se componen de sílabas breves, muy parecidas entre sí, repetidas de modo que compongan una frase; cada fase se alterna con otras, construyendo una canción. La estructura y la composición de cada frase musical son características de cada especie de canario, y parece que estas reglas las aprenden por imitación: en estado natural, los canarios jóvenes repiten atentamente las vocalizaciones de los adultos; al cabo de dos meses ya son capaces de reconocer las primeras notas del fraseo, y la adquisición completa de la sintaxis se produce hacia los seis u ocho meses.

No obstante, tal como explican los investigadores, la musicalidad de los adultos también se desarrolla en los pájaros aislados de los demás, aunque en estos casos el repertorio de sílabas de sus canciones resulte realmente limitado. La adquisición espontánea de la gramática musical sería, pues, una característica típica del paso de la infancia a la edad madura. Lo demuestra el hecho de que una inyección de testosterona en un canario de dos meses anticipa la pubertad y hace que, en una semana, se ponga a cantar vigorosamente y con gran empeño, como un adulto a la caza de una hembra con la que acoplarse.

Los científicos se preguntaron si la capacidad de imitar los cantos de sus progenitores —que antes de la edad de madurez sexual tampoco tienen una gran utilidad— no será más bien una capacidad más o menos general para imitar canciones. Para hacer la prueba, cogieron a canarios macho de veinticinco días (que aún no habían podido oír los cantos típicos de su especie) y les hicieron escuchar canciones falsas, producidas por un ordenador y muy alejadas de las rígidas reglas de la música de sus compañeros adultos. A un grupo se le hizo oír una secuencia casual de sílabas típicas de las músicas de los adultos, sin la construcción en frases alternas. A otro se le hizo escuchar un glissando innatural (un sonido continuo que pasa progresivamente de una nota aguda a una grave, o viceversa, como una sirena). La mayor parte de los pajarillos de ambos grupos imitaron bien esos sonidos durante la infancia, pero con la llegada de la pubertad cambiaron un poco las cosas. En el grupo expuesto a una secuencia casual, seis de las diez aves aprendieron a imitar casi a la perfección la canción producida por el ordenador, pero luego, al acercarse la edad adulta y la estación de los amoríos, todas empezaron a reorganizar gradualmente los sonidos que habían aprendido de acuerdo con la gramática precisa de su especie. Se trataba de una reorganización, precisamente: es decir, de un reordenamiento de las sílabas que habían aprendido imitando al ordenador, para pasar de aquellas frases caóticas a composiciones más estructuradas, como todos los demás. En el grupo que había escuchado (y aprendido) el glissando, los rastros dejados por la exposición a canciones falsas eran aún más evidentes: lo insertaban en el fraseo incluso cuando, con la llegada de la madurez sexual, se activaba de un modo espontáneo la rígida sintaxis musical de la edad adulta.

Para los investigadores que estudiaron a los canarios, este paso de una libertad total en los cantos de la infancia a una precisa estructuración de la música adulta indica algo importante: el programa innato que hace que los canarios canten espontáneamente adaptándose a una gramática de especie es independiente de la capacidad de imitar una canción. De hecho, mientras son pequeños, los pajarillos pueden aprender a cantar de todo, incluso las canciones producidas por un imitador electrónico de tres al cuarto. Así pues, los investigadores afirman:

> El aprendizaje vocal podría haber evolucionado no solo a través de la flexibilización de los programas innatos de producción vocal y del vínculo con modelos externos y con *feedbacks* auditivos, sino también a través del retraso en la aparición de las restricciones típicas de la edad adulta, dejando espacio a un período de experimentaciones vocales y juegos.[8]

89

La hipótesis de que también en los seres humanos la música pueda tener un valor como reclamo sexual tiene actualmente su mayor defensor en el psicólogo Geoffrey Miller, de la Universidad de Nuevo México,[9] que sostiene que las habilidades musicales son un arma de seducción infalible, como demostraría el hecho de que en el mundo de la música actualmente sigue habiendo más hombres que mujeres, y que los hombres que tocan o cantan tienden a rodearse de admiradoras con las que se emparejan y, a veces, se reproducen. El músico, afirma Miller, da ante las mujeres la imagen de alguien vigoroso y sano, como el bailarín, y por tanto decididamente más seductor que un hombre dedicado a una actividad menos dinámica y creativa: esa sería la recompensa de alguien que emplea tantas energías en la producción de música o en bailar. En este caso, al igual que en el de la cola del pavo real, la función de la música no sería promover la supervivencia del individuo o de la especie, sino la de sus genes.

En apoyo de su idea —que a la mayoría parece difícil de apoyar, porque para los seres humanos la música es algo que está en todas partes, y no un recurso exclusivo de los varones heterosexuales en edad reproductiva— Miller cita las ajetreadas vidas sentimentales de algunos músicos del siglo pasado, como Bob Marley o Jimi Hendrix, y su numerosa prole dispersa por el mundo.

El protolenguaje...

Tecumseh Fitch es un psicólogo de la Universidad de St. Andrews, en Escocia, además de músico aficionado: no hay que perderse su *I Don't Believe in Evolution*, interpretada en primicia en el Festival de las Ciencias de Roma en enero de 2006.[10] Fitch es uno de esos para los que la teoría de la música como reclamo sexual entre los humanos puede desmontarse en un momento, solo con un par de observaciones:

> En el reino animal, es cierto, son casi siempre los machos los que cantan y lo hacen sobre todo durante la época del apareamiento. Pero también hay espléndidos ejemplos de especies en que los machos y las hembras hacen dúos, como sucede entre las aves tropicales. En cambio, en nuestro caso no ocurre así. Entre los seres huma-

nos, hombres y mujeres tienen las mismas habilidades musicales. Su aparición es muy anterior a la madurez sexual. Es más, oímos música incluso durante nuestra vida intrauterina.[11]

Así pues, el hecho de que una canción suave pueda crear el ambiente ideal durante un encuentro romántico no significa que la música haya nacido con el fin de promover el emparejamiento, ni mucho menos. Tampoco el hecho de que los jóvenes músicos, desde el guitarrista que canta en una playa hasta la estrella del pop de una *boyband,* suelan estar rodeados de chicas guapas tiene mucho que ver con el potencial erótico de la música. Eso, según Fitch, estaría más bien ligado a su contenido emotivo y a la capacidad de emocionarnos que pueda tener cada canción según nuestros gustos personales. Entre otras cosas —y a diferencia de lo que ocurre en otras especies animales— es difícil sostener que machos y hembras de nuestra especie tengan competencias o incluso gustos musicales diferentes; es evidente, además, que el interés por la música es del todo independiente de las capacidades reproductivas y de la orientación sexual.

Existe una diferencia fundamental entre el uso que hacen los animales de la música y el que es propio de los seres humanos. Para nosotros es sobre todo un placer, mientras que en las otras especies sirve básicamente para comunicarse. Así, si los sonidos producidos por los animales nos suenan parecidos a lo que nosotros llamamos música, en lo referente a su función tenemos que admitir que son más próximos a nuestro lenguaje.

Eso explica que quien afronta la cuestión de la evolución y del nacimiento de nuestra musicalidad no pueda evitar mencionar las relaciones entre el desarrollo de la música y el del lenguaje. Uno de los motivos es la indiscutible coincidencia de las estructuras que utilizamos para cantar y para hablar, para escuchar música y para seguir una conversación: la voz, los oídos y el cerebro.

Sin embargo la historia del evolucionismo nos ha enseñado que nuestros mecanismos de comunicación no nacieron expresamente para hacernos hablar, del mismo modo que los ojos no nacieron con el objetivo de permitir que viéramos, etcétera. Se trata de sistemas que evolucionaron a partir de una serie de casualidades y que resultaron ser más beneficiosos que otros porque hicieron posible el desarrollo de algunas habilidades (o mejoraron algunas posibilidades preexistentes) que a su vez hicieron más fácil sobrevivir y reproducirse en un ambiente determinado. De hecho, las estructuras con las que producimos la voz y con que escuchamos las palabras de nuestros interlocutores existen también en muchos otros animales. La laringe con cuerdas vocales y la cóclea del oído interno no son una peculiaridad exclusiva de nuestra especie, ni tienen la función única de permitirnos hablar y cantar, aunque los seres humanos las utilicemos sobre todo para eso. Cuando aparecieron esas estructuras, resultaron ser soluciones muy beneficiosas a problemas generales de comunicación y percepción: tener cuerdas vocales que vibran al paso del aire mientras se espira permitía emitir sonidos o gritos. Poder oír los ruidos provocados por otros animales que se movían entre las plantas constituía una ventaja obvia, tanto para las presas como para los depredadores.

Si lo sumamos todo, poder lanzar un grito a un compañero para advertirle de la presencia de un cazador, con la seguridad de que lo oirá y sabrá interpretarlo o, al contrario, conseguir asustar a una presa con un rugido y seguirla mientras huye por entre las hojas siguiendo el ruido de la vegetación, sin duda dio a los animales unas armas fortísimas en la lucha por la supervivencia. Después el ser humano aprendería a usar esas mismas armas también para hablar. Y quién sabe cómo, cuándo y por qué, para hacer música.

Para Fitch, las relaciones entre música y lenguaje son claras: la música es un protolenguaje del que evolucionó la comunicación hablada. Y permaneció entre nosotros después del nacimiento del lenguaje porque nos resulta agradable. Esta hipótesis también la formuló Charles Darwin antes que nadie. Según Darwin, además de servir como medio de seducción, las primeras vocalizaciones musicales dieron origen a las palabras.

Para Tecumseh Fitch, varias observaciones avalan la teoría según la cual la música es algo que nació a medio camino durante la evolución de la lengua. Hay que tener en cuenta las grandes similitudes que unen lenguaje y música: ambos son rasgos universales humanos (es decir, pertenecen a todas las personas), se desarrollan de un modo precoz y utilizan el canal auditivo/vocal (como en el lenguaje de los sordos y en la música instrumental). Además, tienen parecidos estructurales que consisten en la presencia de sílabas y de frases.

Sin embargo existen también diferencias importantes: la música no puede usarse para comunicar contenidos complejos, a diferencia del lenguaje. De hecho, la definición de canción —limitándonos a su componente musical, es decir, excluyendo el texto— que da el científico escocés es la de «vocalización compleja aprendida, carente de contenido semántico», mientras que el lenguaje, para Fitch, es una «vocalización compleja aprendida con contenido semántico». Además, las habilidades musicales de los diversos individuos son muy variables, al contrario de lo que sucede con la lengua.

No obstante, añade Fitch, no somos la única especie animal que tiene algo que se ajusta a la definición de canción. Por ejemplo, Fitch tiene una hilarante grabación de una foca del acuario de Boston que ha aprendido a imitar el modo de hablar de su primer cuidador y que, en palabras del científico, da la impresión casi de que reproduce hasta el acento. La foca, que responde al nombre de *Hoover*, es una huérfana recogida y criada por un pescador de Maine. Al crecer y convertirse rápidamente en una bestia de varias toneladas, el pescador la regaló al acuario de Boston. Sus habilidades lingüísticas aparecieron poco después, en el momento de la madurez sexual, cuando *Hoover* empezó a hablar en una especie de *grammelot*, un inglés insensato pero de sonido casi perfecto y con el inconfundible acento de Maine.

Lo de *Hoover* no puede considerarse lenguaje. Por mucho que su producción verbal sea una vocalización compleja aprendida, Fitch asegura que la foca no tiene nada que decirles a sus admiradores. Así que es más bien una canción, y *Hoover* es una foca cantante en carne y hueso, que vive en un zoo en lugar de en unos dibujos animados.

La foca de Maine, como el resto de mamíferos o los seductores canarios, tiene estructuras que le permiten emitir sonidos con la boca: posee una laringe con cuerdas vocales y una lengua capaz de moverse a voluntad. También perros, ovejas, ardillas y ballenas tienen esas estructuras. Así que, al menos en

93

teoría, todos los mamíferos podrían emitir sonidos. Pero lo que no tienen todos los mamíferos es la capacidad de imitar los sonidos de los demás, a diferencia de la foca de Maine.[12]

> Quien no tiene esta capacidad, por ejemplo el perro o el chimpancé, no podrá tener nunca un lenguaje, porque nunca será capaz de imitar el de sus propios padres. La diferencia es toda a nivel de cerebro. Si pusiéramos un cerebro humano —o de foca— en la cabeza de un perro, este podría aprender a usar la laringe y la lengua para producir vocalizaciones complejas imitando las de los demás, con todas las vocales y consonantes que podemos producir los humanos.[13]

Para concluir, en nuestro caso, el orden de los eventos sería este: aparición de la lengua y de las estructuras laríngeas y auditivas necesarias para producir y para oír la voz; primeras vocalizaciones; maduración de la capacidad de imitar las vocalizaciones de los demás; nacimiento de la música; nacimiento del lenguaje. En la base de todo esto se encontraría una capacidad únicamente humana que habría permitido la adquisición del lenguaje, es decir, una capacidad computacional que permite hacer cálculos, registrar las ocurrencias estadísticas y asociar los sonidos con las representaciones mentales.[14]

... y otras hipótesis

La idea de la música como protolenguaje no es exclusiva de Tecumseh Fitch. Por ejemplo, el neurólogo estadounidense Steven Brown habla de *musilanguage*, [15] que en castellano podría traducirse como «musilenguaje», es decir, el antepasado común de música y lenguaje. Según Brown, las numerosas características en común entre música y lenguaje no pueden ser únicamente producto de una casualidad, sino que indican el origen común de dos especializaciones diferentes nacidas del mismo sistema de comunicación de las emociones. La altura de los sonidos, también en las conversaciones, sería de por sí un vehículo de significados, que se suman a los más inmediatos contenidos en cada una de las palabras.

Por ello, según Brown, en ciertos casos el musilenguaje habría evolucionado, dando origen en primer lugar a las denominadas lenguas tonales, como el chino, en las que el significado de los vocablos depende de la entonación con que se pronuncian. Las lenguas tonales están muy extendidas en el mundo, y según el neurólogo americano serían las más antiguas, mientras que las no tonales, como el español, serían relativamente modernas y reflejarían la separación entre música y lenguaje.

En efecto, la distinción entre lenguas tonales y no tonales es bastante clara: ambas usan la musicalidad para vehicular un significado, pero en las primeras el tono modifica el sentido de una sola palabra y en las segundas sirve para colorear toda la frase, para darle un matiz emotivo, para hacerla interrogativa o afirmativa. Ese es el motivo de que, aunque no sepamos inglés o alemán, seamos capaces de comprender si una frase en esas lenguas es una pregunta, un reproche o una expresión de estupor. No nos sucede lo mismo con el chino o el birmano.

Un concepto similar al musilenguaje de Brown es el que sostiene el arqueólogo británico Steven Mithen en su libro *Los neandertales cantaban rap*,[16] en el que sostiene que música y lenguaje se desarrollaron a partir de un único sistema de comunicación, versátil y capaz de expresar muchas cosas: el sistema Hmmmm. El acrónimo HMMMM hace referencia a holístico, multi-modal, manipulativo y musical. La esencia del sistema sería la existencia de numerosas expresiones, cada una capaz de vehicular un mensaje sin necesidad de combinarla con otras expresiones similares, como ocurre, en cambio, con las palabras de una frase.

Después, cuando el ser humano empezó a caminar sobre dos patas, el Hmmmm habría dado vida a un lenguaje compuesto de combinaciones de palabras, como el de las poblaciones humanas actuales. Y lo que quedó de aquello se habría convertido en música.

En la práctica, según Mithen, la música sería un «resto» de la evolución del lenguaje, que en un cierto punto volvió a ser medio de comunicación, más precisamente cuando nació la religión. Desde aquel momento, la música fue ascendida a medio de comunicación con los dioses y sus contenidos se convirtieron en sobrenaturales. Así las cosas, se puede concluir que en los monos el sistema Hmmmm no arraigó: quizá por eso no hablan ni son animales musicales.

No piensa así Thomas Geissmann, del Instituto de Zoolo-

95

gía de Hannover, para quien las especies de monos cantantes son veintiséis (para él, «cantantes» quiere decir capaces de repetir una serie de sonidos en un orden temporal preciso), entre ellos lemures y gibones, que son los primates vivos más alejados de nosotros desde el punto de vista evolutivo. La idea de Geissmann es que la musicalidad de todas estas especies deriva de las primeras vocalizaciones de un lejano antepasado común: quizá las que no cantan (el 89 por ciento) simplemente la hayan perdido en el transcurso de la evolución. Por otra parte, estas vocalizaciones podrían haber tenido una función precisa. Geissmann, de hecho, observa que todos los primates cantantes son monógamos, algo realmente raro en el mundo animal, por lo que las primeras canciones podrían haber sido dúos amorosos, como los que se pueden oír actualmente entre algunas especies de monos. No serenatas, como decía Darwin y como sostiene el psicólogo Geoffrey Miller, sino dúos en los que los dos sujetos, cantando, se convierten en pareja.[17]

Sea como fuere, las formas de musicalidad de los grandes simios son muchas otras; para no decepcionar a sus fans, debemos mencionar el *drumming* del gorila, es decir, la costumbre de golpearse el pecho con los puños, que recuerda mucho a los ritmos que se pueden producir con un bongo o un jambé. Cuenta Tecumseh Fitch, que además es percusionista:

> Es un fenómeno impresionante, pero aún poco estudiado. No es solo el golpeo del pecho del gorila (como hace King Kong): el chimpancé, por ejemplo, lo hace con los troncos de los árboles. Es algo bastante típico de los grandes primates: en el resto del mundo animal existe quizás algo similar en el caso de los ratones canguro, que producen ritmos con las patas. Valdría la pena realmente estudiar esta expresión, porque los sonidos de percusión son tal vez uno de los sistemas de música más primitivos, antiguos y originales que tenemos. Para divertirse y bailar juntos, incluso a nosotros nos bastan ritmos como esos.[18]

¿Una actitud innata?

En lo referente a los vínculos entre música y lenguaje en nuestra especie, los científicos utilizan precisos mecanismos distintivos que nos ayuden a evitar equívocos. Por ejemplo, el psicólogo británico John Sloboda escribe en su ensayo *La mente musical*:

> En mi opinión, la analogía entre lenguaje y música merece una atenta consideración, aunque es oportuno hacer al menos tres especificaciones. En primer lugar, sería una locura sostener que la música es simplemente otro lenguaje natural. Son muchas las diferencias fundamentales que no podemos dejar de lado, y las más obvias derivan del hecho de que usamos el lenguaje para hacer afirmaciones o plantear preguntas sobre el mundo real, y sobre los objetos y las relaciones entre los objetos que hay en él. Si la música tiene un objetivo, sin duda no es el mismo que el del lenguaje normal. En segundo lugar, esta es una analogía que es fácil desarrollar con esas expresiones metafóricas y poéticas de las que los científicos, justamente, desconfían (por ejemplo, «la música es el lenguaje de las emociones»). [...] En tercer lugar, el problema de los límites a los que se pueden llevar las analogías sigue abierto, y está sujeto a la ponderación entre datos empíricos y razonamientos que caracteriza a toda empresa científica. En otras palabras, las analogías están para valorarlas, no para asumirlas.[19]

Así pues, si queremos hablar de la existencia de una analogía entre música y lenguaje tenemos que hacerlo a partir de una base teórica de cierta solidez y con pruebas experimentales metodológicamente correctas. Para muchos de los científicos que estudian el nacimiento de la música, el punto de partida teórico es el análisis del lenguaje hecho por Noam Chomsky, según el cual todos los seres humanos nacen con una predisposición particular a aprender una lengua hablada, al estar dotados de un cerebro capaz de interiorizar las reglas de gramática y sintaxis. Será por eso que a los niños de todo el mundo les basta con escuchar a los adultos con los que crecen, y a los pocos años de vida pueden comprender y producir espontáneamente un número infinito de frases que no habían oído antes.

Esta capacidad se basaría en lo que Chomsky definió como la gramática generativa: un corpus de reglas no escritas que permite producir las infinitas frases posibles a partir del conjunto (finito) de palabras pertenecientes a una lengua. Para que eso sea válido para todos los seres humanos, todas las lenguas habladas de la especie humana, actuales o pasadas, deben compartir algunas propiedades clave, por lo que debe existir una gramática universal. Así, según la teoría de Chomsky, un marciano que llegara hoy a invadir nuestro planeta, al menos al iniciar su reconocimiento percibiría las seis mil lenguas actuales de la especie humana como una sola, construida según las reglas de la gramática universal. Y eso es lo que estudiaría, para conseguir llegar a hablar con los terrícolas algún día.

A mediados de la década de 1950 la teoría de Chomsky revolucionó el enfoque de los estudios sobre el lenguaje, porque planteó que nuestro modo de hablar quizá no fuera (solamente) producto de la cultura y del aprendizaje, sino más bien algo innato, derivado de la estructura biológica de nuestro cerebro. Esta hipótesis explicaría, entre otras cosas, la estructura de las lenguas gestuales de los sordomudos, que tienen muchísimos puntos de contacto con la estructura de las lenguas habladas.

Hace más de treinta años, en Nicaragua, el gobierno sandinista creó escuelas especiales para niños sordos, que hasta aquel momento crecían aislados del mundo: los maestros, oyentes, tenían la misión de enseñar a los alumnos a expresarse en español hablado. Solo que a estos niños, cuando jugaban entre ellos, todos juntos, en el patio del colegio o cuando se encontraban en el autobús escolar, les resultaba muy incómodo hablar español, y empezaron a inventarse un lenguaje gestual nuevo que los lingüistas posteriormente llamarían el «lenguaje de signos nicaragüense». Con el tiempo, y con la llegada de nuevas generaciones de niños, este lenguaje adquirió reglas gramaticales propiamente dichas: de una mímica esencial pasó a ganarse el título de idioma, construido con normas gramaticales equiparables a las del resto de idiomas humanos, y adoptó el nombre de idioma de signos nicaragüense. Por ejemplo, para decir que algo ha caído rodando, actualmente los niños sordos de Nicaragua utilizan dos signos, uno para decir «rodar» y otro para decir «abajo», exactamente como en las lenguas habladas. En la mímica que acompaña a nuestras discusiones, en cambio, usamos un gesto único, hecho con las dos manos, que giran entre sí al tiempo que bajamos rápidamente los antebrazos. Esta historia demostraría que la formación de frases compuestas por elementos discretos y móviles, como las palabras, es algo que está integrado en nuestra biología y que los niños tienden a organizar cualquier lenguaje siguiendo estas normas.[20]

Parece ser que muchas de las observaciones a partir de las cuales se construyó la teoría de Chomsky también son válidas para la música.[21] Por ejemplo, todos reconocemos determinados estímulos acústicos como música, aunque sea la primera vez que los oímos, aunque provengan de instrumentos que no hemos oído nunca y aunque no se parezcan a ninguna melodía que ya conozcamos. Y al contrario, hay estímulos auditivos que reconocemos como no musicales. Como en el caso del lenguaje, parece que existe una actitud innata para aprender la música, común a todos los seres humanos y que no requiere de un aprendizaje formal, como ponerse a estudiar solfeo, sino que viene sola, escuchando simplemente la música que nos rodea desde el día en que nacemos.

El psicólogo John Sloboda añade a esta otras observaciones: tanto la música como el lenguaje son específicos de la especie y universales, es decir, se encuentran únicamente en los seres humanos, pero en todos ellos. En realidad, en lo referente a la música resulta más difícil sostener esta afirmación con la misma precisión que con el lenguaje, porque aún disponemos de pocos estudios sobre el tema. Pero Sloboda prosigue:

> Está claro que la función que desarrolla la música en el hombre no tiene paralelismos en el mundo animal; muchas de las conductas sonoras de los animales, incluso las que se presentan más estructuradas (por ejemplo, el canto de los pájaros), son señales intraespecíficas relativamente rígidas de territorialidad, agresión, sexo, etc.[22]

Además, tanto la música como el lenguaje pueden producir un número infinito de frases y de melodías, mientras que las voces de los animales son generalmente bastante estereotipadas. Los niños tienen una capacidad natural para aprender ambas cosas y empiezan a hablar y a cantar espontáneamente a la misma edad. Por otra parte, en ambos casos queda claro que la adquisición de las habilidades receptivas es anterior a la de las habilidades productivas: primero se aprende a entender lo que nos dicen y luego a responder. Del mismo modo, en la música se aprende primero a escuchar y luego, mucho después, se puede aprender a tocar. Queda, eso sí, el habitual interrogante de fondo:

> La función del lenguaje es la expresión del pensamiento, y la forma del pensamiento humano es innata y común a todos los miembros de la especie [...] El primer problema que debemos plantearnos es si existe alguna entidad que tenga la misma relación con las secuencias musicales que tiene el pensamiento con las secuencias lingüísticas.[23]

Pentagramas de otros países

En cualquier caso, las similitudes más profundas entre música y lenguaje parecen ser las relacionadas con la estructura de las composiciones, lingüísticas y musicales, cuyo estudio revela importantes analogías. Antes incluso de que Chomsky elaborara su teoría, el musicólogo austríaco Heinrich Schenker, que vivió a caballo entre los siglos XIX y XX, hizo algunas observaciones sobre la estructura de las frases musicales muy parecidas a las que después llevarían al lingüista estadounidense a hablar de gramática universal. Schenker planteó la posibilidad de que la música esté construida sobre la base de reglas universales que indiquen la presencia de una capacidad profundamente arraigada en la naturaleza humana, en la línea de lo que sostendría posteriormente Chomsky.

Algunos experimentos científicos confirman esta proximidad cultural. Uno muy particular es el dirigido por Aniruddh Patel, del Instituto de Neurociencia de San Diego, California, en 2003, en el que se demostraba, con un *software* capaz de registrar los tonos del lenguaje hablado, que la lengua madre de un compositor puede llegar a influir el modo en que este dispone las notas sobre el pentagrama.[24] El análisis tomó en consideración dos idiomas, el inglés y el francés, y a dos compositores, uno inglés y el otro francés: Edward Elgar y Claude Debussy (evitó los músicos contemporáneos, que presentan una mayor probabilidad de haber estado expuestos a diversos idiomas). El neurólogo analizó los intervalos entre las sílabas en algunas frases pronunciadas por ingleses y franceses y los comparó con los que caracterizan la música de ambos compositores. El resultado fue que los intervalos del francés hablado y de la música instrumental de Debussy son mucho menos variables que los del inglés hablado y los de las composiciones instrumentales de Elgar. Es decir, del mismo modo que el inglés tiende a efectuar saltos de tono con la voz, que en el habla estadounidense resultan aún más acentuados, la música de un compositor de lengua inglesa usa intervalos muy variados, lo que sugiere —tal como sostuvo el científico americano en una entrevista publicada en *Nature*— «que la estructura de la lengua materna está interiorizada en estas personas, que luego la vuelcan en su música».[25]

Otra investigación demostró que en las lenguas habladas (en este caso inglés, chino mandarín, farsi y tamil) usamos los mismos intervalos que en las escalas musicales, lo que demuestra de nuevo que en las preferencias por ciertos estímulos sonoros hay mucha más biología de lo que pueda parecer.[26] No todas las escalas musicales se componen de siete tonos, como la nuestra: en todo el mundo existen un millar de escalas diferentes y, aunque todas contengan el intervalo de octava, se dividen en intervalos diversos. En cualquier caso, todos ellos se encuentran también en la lengua hablada.

Un estudio del francés Franck Ramus sobre el ritmo de la lengua hablada nos devuelve al mundo de los monos, y nos recuerda que las analogías entre música y lenguaje también se han estudiado desde el punto de vista del ritmo.[27] Cada lengua tiene el suyo propio, que se puede determinar calculando el tiempo que ocupan las vocales: la investigación de Ramus demostró que los neonatos de hombres y tamarinos pueden distinguir una lengua de otra. Es decir, que si se les adiestra para que reconozcan una lengua determinada, ambos son capaces de reconocer una frase pronunciada en una lengua diferente. Para su investigación, Ramus usó el holandés y el japonés, que según sostiene son muy diferentes entre sí desde el punto de vista del ritmo, y como medida del reconocimiento de la diferencia consideró el movimiento de la cabeza en el caso de los monos y la frecuencia de succión del chupete en el caso de los neonatos. De este modo, el investigador francés demostraría que monos y seres humanos tienen una capacidad análoga de reconocer el ritmo, aunque se trate del ritmo de una lengua hablada. Según los autores, esta capacidad, al igual que otras habilidades vinculadas a la música y al lenguaje, habría evolucionado por cuestiones no necesariamente relacionadas con la comunicación.

Pero con este estudio, que compara los neonatos humanos con los monos, estamos empezando a dejar la filogénesis y pasando a la ontogénesis; es decir, estamos pasando del estudio de la evolución de la especie al del desarrollo del individuo. Y ese será el tema del capítulo siguiente.

Capítulo 6

Música para los más pequeños

*E*n una fábula tradicional alemana que hicieron famosa los hermanos Grimm se cuenta que, cuando el flautista les pidió a los habitantes de Hamelín una recompensa por haber liberado a la ciudad de las ratas, no recibió nada de lo pactado. Es más, le echaron entre risas. Y entonces empezó a tocar su flauta arriba y abajo por las calles. Esta vez, no obstante, en lugar de las ratas fueron los niños los que se pusieron a seguirlo. Niños y niñas de todas las edades salieron de sus casas y se echaron alegremente a la calle, encantados por el sonido de la flauta y ajenos a las llamadas de los adultos. Los más pequeños iban cogidos de la mano, mientras que los mayores empujaban las cunas de los recién nacidos. Incluso había alguno que iba a gatas. Y todos seguían la música del flautista, que se los llevó de allí, lejos de la ciudad.

En la historia del flautista de Hamelín hay un fondo de verdad: los niños oyen la música desde que son pequeños, saben reconocerla y a menudo la encuentran muy agradable. No solo se duermen oyendo una nana o viendo cómo gira el móvil de abejitas sobre su cuna: también cuando están despiertos reconocen las canciones y tienen claras preferencias. Luego, con el paso de los meses, empiezan a imitarlas y, del mismo modo que aprenden espontáneamente a hablar aprenden también sin ningún esfuerzo a cantar, cada uno según sus propias experiencias y su propia capacidad.

A quienes estudian los orígenes de la musicalidad humana, observar a los niños más pequeños les permite aislar el componente innato del placer que nos produce la música, dado que los niños aún no han tenido tiempo de escuchar la radio ni de dejarse condicionar en sus preferencias. En otras palabras, los neonatos son un instrumento ideal para determinar cuánto puede tener de biológica nuestra musicalidad y, a la vez, en qué medida puede derivar del hecho de haber crecido en un ambiente ya rico de por sí en estímulos sonoros.

Esta distinción no acaba ahí, ya que también permite plantear hipótesis sobre el motivo de la presencia de la música en nuestra especie, a partir de la comparación de las habilidades innatas del hombre con las de los otros animales. Podríamos descubrir que la verdadera magia del flautista de Hamelín había sido la de atraer a las ratas con la música de su flauta, porque puede que con los niños no le hiciera falta ningún sortilegio.

La encantadora de niños

Por ahora, muchos resultados experimentales llevan a pensar que la música entendida como conjunto de sonidos y de ritmos, agradable a nuestro oído y producida por gusto puede ser una actividad puramente humana; es más, parece que ningún otro animal es capaz de disfrutarla como nosotros, ni siquiera los primates (y por tanto mucho menos las ratas de Hamelín). Pero los estudios científicos demuestran también que tenemos ciertas estructuras anatómicas y ciertas habilidades en común con miembros de otras especies. Por otra parte, la antropología y la arqueología nos cuentan que en todas las culturas humanas existe la música, desde hace decenas de miles de años, y quizá desde los orígenes de nuestra historia.

Cabe sospechar, pues, que al menos una parte de todo esto lo llevemos grabado en los genes y en el cerebro. Para intentar comprender dónde y por qué, es necesario dar un salto conceptual y centrarnos ya no en la humanidad como conjunto, sino en el individuo particular: buscar las raíces de la sensibilidad musical en cada uno de nosotros.

El objeto de estudio ideal sería un niño de pocos meses al que habría que someter a estímulos musicales diversos en busca de demostraciones de interés, alegría, molestia o disgusto. Al no poder disponer de un sujeto así, lo que sí podemos hacer es recurrir a Sandra Trehub, psicóloga de la Universidad de Toronto en Mississauga, que hace casi treinta años que observa a legiones de niños mientras escuchan sonidos, voces y nanas. Muchos de los psicólogos de los que hablamos en este libro son un poco como hijos suyos. Trehub es una señora fascinante, delgada y elegante; mientras habla con gran dulzura mueve las manos y sonríe. Con una elocuencia literalmente capaz de hipnotizar, nos explicó lo siguiente:

> Si conseguimos demostrar que, en ciertos aspectos, la percepción musical de los niños pequeños es similar a la de los adultos, podríamos decir que algunas de las percepciones musicales humanas son producto de la naturaleza, más que de la cultura. Y por tanto, que nuestros sistemas musicales están determinados, al menos parcialmente, por la estructura del aparato auditivo humano.[1]

Esto significaría que la predisposición a la escucha y a la producción de música, en el ser humano, es fisiológica, como la fonación o el caminar sobre las dos extremidades inferiores.

Para demostrarlo, Sandra Trehub construyó un laboratorio único en el mundo, más parecido a una guardería que a un instituto científico. En la revista *Discover Magazine*, la periodista Josie Glausiusz lo describió así:

> Al acercarnos al mural del laboratorio de la psicóloga Sandra Trehub nos encontramos con una pluviselva tropical, rodeados de una orgía de flores de color violeta, de frondosos helechos de color verde, de mariposas y de abejas superdimensionadas. Lo único que falta son los gritos de los macacos. Pero al dar un paso atrás oímos otros gritos, los de los niños. Y por fin todo adquiere significado: la jungla, los Teletubbies, los camioncitos de juguete tirados por el suelo, el gracioso telefonillo que cuelga del techo, los libros de colores y los pósters luminosos: esto es un laboratorio donde mamás y niños se sienten a gusto. Pero es también un espacio científico con una misión muy especial: la búsqueda en el cerebro de los lactantes del origen biológico de la música.[2]

En sus treinta años de investigación, Sandra Trehub ha tratado con miles de niños y a cada uno de ellos le ha extendido un diploma de la universidad con el que se certifica su contribución a la ciencia. Sus conejillos de Indias ya están en la segunda generación. «¡Los primeros niños que estudié –explica, orgullosa– ya han venido a traerme a sus hijos!».[3] Y la cantidad de datos acumulados va en crecimiento constante.

Pero para estudiar las habilidades musicales de los niños pequeños sobre todo hay que saber cómo estimularlos e interpretar sus reacciones, porque los bebés no siguen instrucciones, no hablan y en muchos casos prefieren que no se les esté demasiado encima. Uno de los grandes méritos de Sandra Trehub fue precisamente haber encontrado sistemas poco invasivos, pero muy claros, para leer las reacciones de los lactantes: su idea fue aprovechar su observación de que todos los niños, cuando detectan algo nuevo o extraño a su alrededor, vuelven la cabeza.

Por ejemplo, se puede hacer pasar al pequeño a una sala con una decoración muy relajante, que no le haga sentirse incómodo, y sentarlo sobre el regazo de su padre o su madre, de espaldas a un amplificador que emite una música. Cuando el niño advierte algo extraño en la música, que le sorprenda positivamente o que le moleste, volverá la cabeza instintivamente, como para ver si ha sucedido algo raro en la sala. Para convencerlo de que lo haga repetidas veces sin que se aburra o piense que se le está tomando el pelo, se pueden usar recompensas visuales: en este caso, animales mecánicos grotescos y de colores, como osas-bailarinas o monos acrobáticos, que aparecen cada vez que el pequeño cumple su tarea correctamente. O se puede poner al niño entre dos altavoces que emitan músicas diferentes y observar hacia dónde vuelve la cabeza, expresando así su preferencia. O incluso se puede comparar el tiempo que pasa con la mirada fija en uno u otro altavoz:[4] si el pequeño observa un buen rato en silencio, se supone que le parecerá agradable el mensaje acústico que procede de allí. A contrario, si mueve la cabeza repentinamente, probablemente haya algo que le suene mal.

Existen otros métodos, como la medición del latido cardiaco y sus cambios en respuesta a los estímulos sonoros.[5] O la del ritmo de succión del chupete, que se acelera cuando el niño encuentra algo particularmente interesante.

Como los mayores
El principal objetivo de los experimentos con niños es descubrir si los lactantes son capaces de reconocer las alteraciones de to-

nalidad y ritmo, comparando estas habilidades con las de los adultos para comprobar qué es lo que está presente ya desde el nacimiento, qué es lo que aparece con los años y lo que se pierde con el crecimiento. Después, igual que en el caso de los monos que hemos visto antes, estos estudios se han planteado estudiar los gustos y preferencias de los pequeños, para ver cuánto hay de natural en nuestro gusto por determinadas músicas.

En sustancia, explica Sandra Trehub, los principales resultados obtenidos hasta el momento son de tres tipos:

> Los niños escuchan con mayor atención el canto de la madre que sus palabras. Recuerdan la música durante mucho tiempo, haciendo uso de habilidades musicales similares en muchos aspectos a las de los adultos.[6] Y en ciertas actividades específicas se muestran incluso más hábiles que estos.[7]

Se ha observado, por ejemplo, que los niños también son capaces de distinguir entre intervalos consonantes y disonantes, y que prefieren los primeros a los segundos, como los adultos, lo que confirma que la consonancia tiene un componente natural:

> Si observáramos solo a los adultos, podríamos pensar que se trata de una característica aprendida. Sin embargo es una habilidad presente en niños pequeños de todo el mundo.[8]

Por otra parte, a partir de los cinco meses de vida, los niños reconocen las melodías incluso cuando se han transportado a otra tonalidad,[9] es decir, cuando se tocan partiendo de una nota diferente y adoptando una escala diferente, pero manteniendo iguales los intervalos, de modo que la melodía resultante es más aguda o más grave que la de partida.[10]

Del mismo modo, al igual que los adultos los niños reconocen una melodía aunque se interprete a ritmo acelerado o decelerado, es decir, con un tiempo más rápido o más lento. Eso significa que los pequeños son capaces de aprender —¡y recordar!— una melodía del mismo modo que los adultos, esto es, mediante la comparación de notas y el reconocimiento de los intervalos, sin dejarse engañar por los cambios de escala o de intérprete.[11] Así, a sus oídos, la cante su papá o Marisol, el *Corre, corre caballito* no cambia lo más mínimo a oídos del bebé.

Otra observación fundamental es que los niños aprecian más (y reconocen mejor) las melodías interpretadas en escalas diatónicas,[12] es decir, las escalas «tradicionales» con siete notas separadas por intervalos desiguales entre sí. Pero parece ser que también aprecian las melodías tocadas en escalas inventadas expresamente para la ocasión, siempre que la octava esté dividida en partes rigurosamente desiguales entre sí.[13] Así, si un músico desafina tocando una canción en *do* mayor, puede ser que entre los niños de apenas de un año situados entre el público también se den cuenta. Sobre todo si desafina precisamente en los intervalos considerados más consonantes, como el de quinta justa (que, como hemos visto, corresponde a siete semitonos, por ejemplo los que separan el *do* y el *sol* que dan inicio a la melodía que aparece en los títulos de crédito de *La guerra de las galaxias*) o el intervalo de cuarta justa (los cinco semitonos que separan *do* y *fa* al inicio de la *Marcha Nupcial* de Wagner).

La cuarta justa y la quinta justa son también los intervalos que los niños aprenden y reconocen con mayor facilidad.[14] En un experimento realizado por Sandra Trehub y Glenn Schellenberg se demostró que a los seis meses de edad los pequeños ya pueden reconocer una alteración de un semitono en uno de estos dos intervalos, pero no en otros. Así pues, si a un lactante se le hace escuchar un par de sonidos separados por una cuarta o una quinta repetida varias veces y luego se le hace la jugarreta de cambiarle un poco una de las dos notas, el niño se da cuenta y vuelve la cabeza.

Hay que decir que los compositores siempre han tendido a despreciar el intervalo de seis semitonos. En la Edad Media, el denominado tritono (porque seis semitonos suman tres tonos) era llamado *diabolus in musica* y considerado señal de una presencia maligna. En cambio, el intervalo de cuarta justa era considerado por los antiguos griegos el intervalo perfecto, y también era el preferido de Mozart. Y la quinta justa, junto con la octava (doce semitonos) es el intervalo consonante por antonomasia, quizá demasiado consonante, hasta el punto de que las reglas de la armonía que aún hoy se enseñan en los conservatorios prohíben escribir melodías a dos voces que empiecen o que acaben con dos notas separadas por estos intervalos.

Mejor que los mayores

Con todo, a diferencia de los adultos los niños no parecen tener preferencias sobre las escalas mayores, menores, occidentales u orientales. Es decir, que mientras los adultos tienen dificultades para detectar una nota desafinada en una melodía extraña a su cultura y, por ejemplo, para un occidental puede resultar difícil advertir una alteración en una canción india o china, los niños de todo el mundo tienen la misma sensibilidad para cualquier tipo de música,[15] y con ello demuestran una habilidad suplementaria con respecto a los adultos, una universalidad musical que permite que se encuentren a gusto en cualquier ambiente musical en el que se críen. Podemos imaginar, por tanto, que el flautista habría conseguido llevarse igualmente a los niños de un pueblo japonés, peruano o etíope tocando la misma canción.

Lo mismo se puede decir del ritmo. Contrariamente a la leyenda, nadie nace con el ritmo en la sangre, y las evidentes diferencias rítmicas entre la música pop de origen anglosajón, caracterizada por esquemas simples y repetitivos y, por ejemplo, las danzas balcánicas, construidas a partir de ritmos complejos, no tienen nada que ver con la genética. Si un adulto no consigue seguir un sirtaki o baila desgarbadamente una música húngara es porque se le ha educado al son de ritmos más sencillos: es más difícil aprender un ritmo complejo si se conocen solo los más simples.

Las consecuencias de esta impronta rítmica pueden ser grotescas, sobre todo si tenemos en cuenta también las modas. Por ejemplo, cuando en la década de 1960 estalló la moda de la música india, la mayor parte del público europeo no comprendía realmente qué estaba escuchando. Se dice que durante el primer concierto por Bangladesh organizado por George Harrison el público empezó a aplaudir, hipnotizado por la magia de los sonidos de Ravi Shankar, a partir de los primeros minutos de su interpretación. Lástima que en aquel momento el músico estuviera simplemente afinando el sitar.[16]

El quid de la cuestión, también en este caso, parece radicar en el tipo de música al que estamos expuestos a diario, aunque sea de modo inconsciente, porque los niños de pocos meses no muestran ninguna inclinación a un tipo de ritmo particular. [17] Tal como explica Erin Hannon, psicóloga estadounidense autora, junto con Sandra Trehub, del estudio que demostró la existencia de este fenómeno:

> El descubrimiento sugiere que, en el transcurso de nuestra vida, al estar sumergidos de forma pasiva en estímulos musicales ambientales (en las tiendas, en el coche, en los restaurantes) y escuchar música de forma activa, de hecho regulamos y damos forma a nuestras modalidades de percepción de un modo acorde a la música de nuestra cultura. Los niños pequeños, que tienen menos experiencia en la audición de música, no presentan estas diferencias perceptivas, por lo que responden tanto a las estructuras rítmicas familiares como a las foráneas. [18]

También esta capacidad, como la universalidad en la percepción de las melodías, se perdería con el tiempo, quedando reducida al tipo de música producida en la sociedad donde se crece.

Eso no quiere decir que todos nazcamos niños prodigio, con capacidad para convertirnos en grandes músicos, sino que de este modo se puede demostrar que nuestra capacidad de comprensión musical es algo innato, en lo que luego puede incidir la cultura, la educación y la exposición a músicas de un cierto tipo, lo que acaba determinando nuestros gustos en la edad adulta; como una bola de plastilina, que tiene características definidas desde el principio (color, olor, consistencia), pero que no adquiere una forma hasta después de modelada. Nuestra bola de plastilina es la sensibilidad para la música, característica de cada individuo y exclusiva del ser humano. De ahí derivarían los rasgos comunes a las músicas de todas las culturas del mundo: el hecho de que, por ejemplo, casi siempre se estructuren en escalas basadas en la octava, y que casi siempre la octava se divida en tres o cinco intervalos, de amplitud heterogénea, entre los cuales casi siempre está presente la famosa quinta justa. Esta sensibilidad innata se modela con el tiempo por acción de las cancioncitas, las nanas y la música de fondo del ambiente en que vivimos hasta adaptarla a cada caso y convertirse así en poco tiempo en esa conciencia musical de base común a todos los individuos que comparten una misma cultura.

El aprendizaje musical de los bebés

Estas consideraciones de tipo neuropsicológico parecen corroborar las teorías del musicólogo Heinrich Schenker, al que hemos conocido al final del capítulo anterior. Al estudiar las estructuras musicales de las composiciones típicas de culturas diversas, Schenker observó que todas reconocen las mismas reglas fundamentales, por lo que planteó la hipótesis de la existencia de leyes universales innatas, características del pensamiento humano, como sostendría años después el lingüista Noam Chomsky a propósito de los orígenes del lenguaje. Así que según Schenker, y según los psicólogos que estudian la infancia del oído musical, los niños aprenden a conocer la música siguiendo una predisposición biológica, en un proceso de aprendizaje espontáneo que no les cuesta nada y que no obliga a los padres a enseñarles los fundamentos de la teoría musical, igual que no hace falta que les enseñen las reglas del análisis lógico para que aprendan a hablar.

En realidad, desde la década de 1920, con los estudios del sueco Carl Emil Seashore, pionero de la psicología de la música, supimos que los niños no son todos iguales en el aprendizaje musical, como no lo son cuando empiezan a hablar o a caminar: cada uno tiene sus tiempos y no existe una «normalidad». Pero en todos los casos se registra un proceso de aprendizaje espontáneo, que no requiere formalización, definido por el psicólogo inglés John Sloboda como «aculturación musical». Hay que distinguir la aculturación musical de la educación musical, que se produce en los niños más crecidos, se centra en un campo musical específico —el piano y la música clásica, o la guitarra eléctrica y el rock, por ejemplo— y requiere un esfuerzo consciente por parte del alumno. No obstante, según Sloboda hay que hacer una precisión sobre los ritmos de la aculturación musical: solo empieza a haber una conciencia propiamente dicha cuando el niño demuestra que consigue distinguir las secuencias de notas y sus alteraciones. Eso es

111

más o menos a los cinco meses, tal como indican los estudios de Sandra Trehub. Sin embargo:

> Hasta la edad de seis meses es difícil que los niños muestren una conducta que pueda llamarse «musical». Obviamente, es necesario realizar una distinción entre las conductas que los adultos podrían interpretar como música y las que revelan una conciencia musical en el niño [...] No tiene sentido suponer que el niño pueda manifestar intenciones de tipo musical cuando llora [...] Es bien sabido que los niños son particularmente sensibles a los cambios ambientales, por lo que cualquier sonido nuevo o insólito capturará su atención. Los padres que se emocionan al ver que sus niños se calman y prestan atención al sonido de una melodía infantil deberían ser muy cautos antes de deducir que ello se debe a alguna habilidad determinada.[19]

Los niños de Hamelín, encantados por el dulce sonido de la flauta, no estaban mostrando una inclinación particular por las notas del vengativo flautista, ni se habrían convertido todos en flautistas de haber tenido la posibilidad de ir al conservatorio. Probablemente oían simplemente algo agradable, que algunos de ellos eran capaces de distinguir como música, pero que todos disfrutaban de un modo particular precisamente gracias a la predisposición biológica que tiene el ser humano hacia las melodías. Quizás un malabarista o un heladero hubieran podido obtener el mismo resultado.

Tras los seis meses de edad, los niños empiezan a mostrar los primeros signos de aculturación musical, perceptibles incluso para los observadores externos. Se trata de imitaciones de las voces y de los sonidos que oyen, expresadas inicialmente con confusos *dadadada*, pero que tras mucha práctica pueden también «afinarse», tomando como referencia alguna nota propuesta desde el exterior. Más frecuentes que los *dadadada* —y, según John Sloboda, más relevantes— son las imitaciones del lenguaje hablado y de su entonación. Ambas manifestaciones musicales se muestran carentes de sentido del ritmo, que parece ser una adquisición posterior al primer año de vida.

Más tarde aún llegan las primeras notas cantadas, estables y no ya en glissando (es decir, que no derivan en otras notas, como la sirena de una ambulancia). El primer cambio realmente evidente tras la aculturación musical y reconocible prácticamente en todos los niños se produciría hacia los dieciocho meses, con las cancioncillas espontáneas dotadas de un cierto ritmo y de una mínima melodía.

El primer concierto

Pero si esa es la primera señal externa, cantada en voz alta, de un instinto musical en proceso de maduración, el verdadero origen de la sensibilidad a los sonidos se remonta a mucho antes, previo incluso al nacimiento del niño. Más exactamente, al séptimo u octavo mes de vida en el vientre materno. La maduración del oído se completa aproximadamente hacia la vigésima semana de embarazo, y poco después el feto empieza a oír sonidos, ruidos y voces a su alrededor.

Dentro de la cavidad amniótica, todas las sensaciones quedan atenuadas y hay un ruido de fondo tranquilizador y constante: el latido del corazón de la madre. Es el primer estímulo auditivo que llega a los oídos del feto y también el diapasón con el que compara los primeros sonidos que oye tras el nacimiento. Ello podría explicar la observación de que los fetos y los neonatos prefieren la música repetitiva y suave a la más agitada. Y quizás eso explique también el que la mayoría de las madres, sean diestras o zurdas, suelan sostener a su hijo con la cabeza apoyada sobre la parte izquierda del pecho, para que sigan oyendo ese ritmo familiar que tanto les tranquiliza.

Además del latido del corazón, dentro del útero el feto también puede oír los sonidos procedentes del exterior, siempre que estén a un volumen suficientemente alto. Quien tenga la suerte de poder observar con un aparato de ecografías a un feto mientras escucha una música, podrá verlo moviéndose, como si bailara, mientras el latido de su corazón se acelera, como si estuviera emocionado.[20] Y algunos experimentos realizados con fetos de animales han demostrado que, efectivamente, en el interior del útero se puede oír casi perfectamente un concierto; aunque el contrabajo y el violonchelo, con su sonido grave, se perciben mejor que los violines, y el timbal se oye mejor que el flautín.

En Estados Unidos, desde el momento en que se demostró que también los fetos pueden oír los sonidos del mundo exte-

113

rior, salieron al mercado artilugios diseñados para situarlos sobre el vientre de las mujeres embarazadas y transmitir música
y voces al pequeño en el útero, como una radio. Según los vendedores, se trataría de un método para adelantar la conciencia
del niño, la familiaridad con la lengua materna y para estimular la inteligencia con ayuda de la música clásica que, como es
bien sabido, es prerrogativa de las personas cultas. En realidad
estos objetos no tienen ninguna base científica: no se sabe ni se
sabrá nunca si al feto le gustan o no, ni si le puede sacar algún
provecho. Pero tal como explica Barbara Kisilevsky, investigadora que ha observado cómo bailaban aquellos fetos en la trigé-
sima semana de embarazo al ritmo de la música, «no podemos
pensar siquiera que escuchar música pueda causarle algún daño
al feto».[21] La periodista que redactó la nota de agencia sobre el
estudio de Kisilevsky concluyó, pues:

> Futuras mamás, seguid acumulando CD de música clásica, pero sa-
> bed que no tiene ningún sentido ponérselos a vuestros bebés antes
> del octavo mes de embarazo. Siempre que no os pongáis el transistor
> pegado al vientre, no le hace ningún daño que escuchéis música du-
> rante el embarazo. Es más, para vosotras podría ser la última ocasión
> de oír un concierto de Bach en paz.[22]

Lo que sí podría suceder es que, unos meses más tarde, al
volver a poner el mismo CD se observe que el niño presenta
una reacción alegre ante la música, como si recordara un concierto que nunca ha oído. Al menos, no desde su nacimiento.
¿Cómo es posible?

Recuerdos de un neonato
Algunos estudios han demostrado que la memoria musical
nace durante la vida intrauterina y que dura varios meses, o incluso hasta el año de edad.

La psicóloga Alexandra Lamont, de la Universidad de Keele
(Reino Unido), lo demostró: reclutó a once mujeres embarazadas a las que propuso que, durante los últimos tres meses de
gestación, escucharan una canción de su elección todos los días
durante media hora. Tras el parto, la madre tenía que pasar un
tiempo sin oír aquella canción. Luego, un año más tarde, la psi-

cóloga iba a su casa y hacía sonar la canción elegida por la madre durante el embarazo, junto a una colección de diferentes músicas. Todos los hijos, ya parcialmente «aculturados» al tener un año de edad, demostraban apreciar las melodías alegres de la colección, pero muchos de ellos parecían reconocer también la música elegida por su madre durante la gestación. Tal como señaló la investigadora, es cierto que durante la audición las madres embarazadas tenían instrucciones de relajarse, lo que podría haber alterado su perfil hormonal y químico, aumentando el efecto observado en el niño. En cualquier caso, el resultado podría ser significativo, porque demuestra que los fetos no solo oyen, sino que en condiciones particulares pueden incluso recordar. [23]

Combinando las observaciones de Lamont con las relativas a la música como capacidad innata y a la universalidad del cerebro musical en el momento del nacimiento, podríamos pensar que la música puede tener cierta importancia en el desarrollo del niño: si puede apreciarla ya en el vientre materno, si puede incluso recordarla y, sobre todo, si nace con predisposición para reconocerla como un lenguaje por sí mismo y está dotado de las estructuras cerebrales necesarias para elaborarla y que le resulte placentera, ¿cómo podría no servirle para nada?

Alguien podría argumentar que el hecho de que los niños oigan la música antes incluso del nacimiento podría invalidar los resultados de los experimentos de Sandra Trehub. Es decir: si los niños ya han oído música y palabras mientras estaban en el vientre materno, y en vista de que lo recuerdan tan bien, podría ser ese el motivo por el que a los dos meses de edad son capaces de reconocer ciertos intervalos y expresar preferencias. Así, lo que hemos creído identificar como una habilidad innata sería solamente una habilidad aprendida de forma muy precoz. Para excluir esta posibilidad, Trehub estudió atentamente a los hijos oyentes de padres sordos, de los que cabe pensar que no habrán estado expuestos a muchos estímulos acústicos durante su vida intrauterina. Y descubrió que, en los experimentos sobre preferencias melódicas, armónicas y rítmicas, estos neonatos se comportan exactamente como todos los demás.

Las mamás del mundo, todas cantantes

Pero hay que añadir algo más: los niños escuchan con más atención el canto de su madre que sus palabras, como recordaba Sandra Trehub. No obstante, cuando las mamás se dirigen a los niños, lo hacen instintivamente con un lenguaje muy particular, que los científicos denominan el *motherese*, el «idioma de las mamás».

El idioma de las mamás y las canciones infantiles son otro elemento universal entre los seres humanos, y sus características son las mismas en diferentes países y continentes. Explica Sandra Trehub:

> Todas las culturas siguen usando la música para cuidar a sus niños. Existe un género particular de música precisamente para esta necesidad, las nanas, y en todo el mundo mamás y abuelas acuestan a sus niños cantándoselas; la música regula el humor de los niños, tanto cuando están despiertos y alegres como cuando están coléricos o somnolientos. [24]

> Pero hay que observar que:

> Las nanas de culturas diversas presentan numerosas similitudes entre sí, porque todas contienen muchas repeticiones. De hecho, si un adulto oye una nana que no conoce y que pertenece a otra cultura, no tiene dificultades para identificarla como tal y para distinguirla de otras músicas lentas. [25]

También el idioma de las mamás tiene características que lo hacen reconocible como tal, independientemente del idioma y de la cultura de quien lo habla. Es un lenguaje canturreado característico, hecho de muchas repeticiones, de ritmo lento y tonalidad aguda, [26] una forma de expresión a medio camino entre lo hablado y lo cantado. Los niños lo prefieren al lenguaje hablado «normal» entre adultos, que generalmente suscita poca atención por su parte. Eso también lo ha demostrado Sandra Trehub en un estudio en el que medía el tiempo que mantenía la mirada fija en la mamá cada niño mientras ella le hablaba con cada uno de los dos lenguajes. Pero no es el único caso: en experimentos análogos se ha visto también que los niños reconocen y escuchan el idioma de las mamás incluso cuando lo utilizan adultos que no son sus padres, aunque pertenezcan a culturas diferentes e incluso si va dirigido a otro niño.[27] Como si supieran que esa cantinela afectuosa siempre va dirigida a ellos, o como si quisieran que así fuera.

Lo más sorprendente, no obstante, es el descubrimiento de un «idioma de las mamás» para sordos, es decir un lenguaje gestual dirigido a los niños, lleno de carga emotiva, al que los hijos de los sordomudos prestan más atención que al dirigido a otros adultos. Además, los niños oyentes hijos de una pareja de sordomudos se muestran sensibles al idioma de las mamás hablado al segundo día de vida, exactamente como los hijos de personas oyentes. Nuevo indicio, este, de la existencia de una predisposición biológica a un cierto tipo de melodía como mensajera de afecto, del todo independiente de la exposición prenatal.[28] El éxito del idioma de las mamás y de las nanas se debería, pues, a que se adapta indiscutiblemente mejor a los gustos de los neonatos.

El *hit parade* de los pequeños

117

En un puesto destacado en la lista de preferencias de los bebés se encuentran, sin duda, las interpretaciones canoras de su madre. Cuando la madre canta, su voz tiene un efecto hipnótico, capaz de distraer al niño de cualquier juego o actividad. Si se le muestra a un niño de seis meses un vídeo en el que su madre habla en el idioma de las mamás y uno en el que canta una cancioncilla, él se quedará pegado a la pantalla durante todo el tiempo que dure la exhibición musical, mientras que por la lengua hablada mostrará un interés mucho menor, aunque se trate del idioma de las mamás.[29]

Por su parte, las madres se esfuerzan al máximo para que sus gorgoritos reciban la atención deseada. Por ello su interpretación está muy ritualizada, incluso desde el punto de vista musical: ritmo y tonalidad varían lo menos posible de una interpretación a otra.[30] A decir verdad, también los padres e incluso los hermanitos mayores les cantan a los bebés con ese mismo estilo y usan el idioma de las mamás, pero sus interpretaciones nunca consiguen la atención que suscitan las voces femeninas adultas, que son las preferidas de los pequeños.

Tal como observa Laurel Trainor, discípula de Sandra Trehub y psicóloga de la Universidad McMaster de Hamilton, en Ontario (Canadá), entre las canciones que los padres cantan a sus bebés se pueden identificar dos tipos diferentes: las nanas y las canciones para jugar, que tienen características ligeramente diferentes y que se usan en circunstancias particulares. Ningún padre necesita seguir un curso de música para aprender a cantar en los dos estilos a sus bebés, y todos saben perfectamente cómo adaptar su propia producción musical al momento, a la edad y a las necesidades del niño.

Todas las músicas dirigidas al niño coinciden en que usan pocos elementos y numerosas repeticiones, precisamente como el idioma de las mamás, que en el *hit parade* de los pequeños se sitúa justo después de las canciones de sus madres e indiscutiblemente por delante del lenguaje de los adultos.

Desde el punto de vista musical, el idioma de las mamás siempre está en un tono más agudo que las nanas: a diferencia de lo que sucede cuando una mujer se encuentra entre adultos, frente a un niño tiende a cantar en tonos graves y a hablar en tonos agudos. Esta observación es importante para comprender el significado del idioma de las mamás —lenguaje hablado dirigido a personas que aún no saben hablar— y el tipo de información que es capaz de transmitir.

Para empezar, ¿qué es lo que encuentran tan interesante los niños en el idioma de las mamás, si no entienden las palabras? Laurel Trainor sugirió que el tono agudo quizás ayude al reconocimiento de las vocales, por lo que puede ser un modo para facilitar la comprensión de la lengua. Pero luego se dio cuenta de que no es así, sino todo lo contrario. Los motivos de que el idioma de las mamás cuente con el favor incondicional de los niños hay que buscarlos en otro factor: el emotivo. Laurel Trainor explica:

> El tono agudo probablemente vehicula el mensaje emotivo. Tanto la música como el lenguaje dirigido a los niños tienen un gran significado emotivo: por eso les gusta tanto a los niños. Porque la música vehicula emociones de un modo directo, mientras que las palabras lo hacen de un modo indirecto. [31]

En otras palabras, a los niños que aún no saben hablar se les escapan los mensajes indirectos que se esconden entre las líneas de la lengua hablada de los adultos.

El hecho de que las nanas de todo el mundo compartan elementos musicales precisos, y que los neonatos en todo el planeta aprecien el mismo tipo de nanas y de lenguaje de las mamás demostraría precisamente que la musicalidad humana es un hecho natural, no cultural: «un regalo de la naturaleza, y no un producto de la cultura»,[32] concluye Trehub.

La música cansa

Hace ya tiempo que los psicólogos estudian el aprendizaje del lenguaje gracias al usado por las madres con sus bebés. Por ejemplo, centrándose en la memorización de las palabras, han descubierto que, incluso a los pocos meses de edad, antes incluso de haber aprendido a hablar, los niños son capaces de retener en la mente, durante semanas y semanas, vocablos nuevos oídos en las historias de las nanas. Por no hablar de la memorización de su propio nombre y del de los familiares, que tiene lugar antes de cumplir siete meses.

119

En vista de estos resultados, hay quien se ha preguntado si con la música no sucederá algo análogo. Es decir, si la memoria prodigiosa de los recién nacidos no tendrá que ver cuando se trata de recordar las canciones de los juegos y de las nanas, primeros géneros musicales con los que se tiene contacto en la vida (tras los conciertos de Bach oídos desde el útero materno). No sería tan raro, dado que las madres son muy constantes en la ejecución de su repertorio y que los estímulos musicales a los que se ven expuestos los bebés tienden a ser más repetitivos que los verbales.

Este es el motivo de que un grupo de psicólogos estadounidenses dirigidos por Jenny Saffran[33] reclutara a un grupo de niños de siete meses y les hiciera oír todos los días, durante dos semanas, un par de movimientos de sendas sonatas para piano de Mozart. Pasado este plazo, los psicólogos esperaron unos días y luego convocaron a los niños a su laboratorio para un pequeño experimento. También en este caso los pequeños conejillos de Indias estaban sentados entre dos altavoces que emitían músicas diferentes, y se valoraba su elección según la dirección en la que volvían la cabeza: por un lado oían los dos movimientos de Mozart, y por el otro algo diferente. También se contaba con un grupo de control: niños de la misma edad que no habían sido ejercitados en la escucha de Mozart y para quienes cualquier música que sonara en la sala resultaría nueva. El objetivo del grupo de control era excluir que hubiera diferencias en los tiempos de atención a los altavoces debidas, por ejemplo, a los gustos particulares de los niños, y no a la memorización de las sonatas de Mozart.

Tal como esperaban, el grupo que había pasado dos semanas escuchando la música de Mozart la recordaba perfectamente y sabía reconocerla. Pero se produjo una sorpresa: aquellos niños preferían la música nueva, la que no habían escuchado nunca. El grupo de control, en cambio, escuchaba todo lo que salía de los altavoces sin expresar preferencias. Señal de que los primeros habían memorizado las sonatas para piano, pero que también se habían hartado de oírlas.

Por otra parte, los niños eran capaces de distinguir entre el inicio de la música familiar y un fragmento a mitad de la sonata, y preferían claramente el inicio, siempre que no pudieran oír algo nuevo. Eso, según los investigadores, confirmaría el hecho de que los niños son oyentes exigentes y sofisticados, y que su percepción de la música no se limita al recuerdo de una secuencia de sonidos, sino que es capaz de dar un sentido pleno a lo que se les propone, mostrando a la vez curiosidad por las músicas nuevas. Para Jenny Saffran, no obstante, el experimento también podría sugerir que «desde el punto de vista de los niños, música y lenguaje no están tan alejados el uno del otro como puede parecerles a los adultos».[34]

Cómo arrullar a un niño a distancia

Además de experimentos psicológicos y estudios conductuales, existen también investigaciones de tipo fisiológico sobre los niños y la música, basadas en la presencia de algunas hormonas de la saliva. En particular, para medir los efectos del idioma de las mamás y de las canciones maternas sobre el humor se decidió determinar los niveles de cortisol, conocida también como «hormona del estrés», producida por las suprarrenales sobre todo en situaciones de alarma. La hormona pasa fácilmente de la sangre a la saliva, por lo que sus niveles se pueden medir pasando un bastoncillo por la lengua o por los labios del niño, sin necesidad de efectuar una extracción de sangre. De este modo se ha observado que el canto materno es responsable de una disminución significativa de los niveles de la hormona, que dura al menos veinticinco minutos, señal de una reducción del estrés. El idioma de las mamás, en cambio, provoca una reducción mucho menos duradera y la concentración de cortisol en sangre enseguida vuelve a acercarse a los niveles de salida. [35]

Esta observación también hace pensar que la música quizá tenga la precisa función de regular el humor, al menos en el caso de los recién nacidos. Es decir, que podría favorecer el bienestar global de los niños y su crecimiento, facilitando la lactancia, el sueño y también el aprendizaje. Por otra parte, el bienestar de un niño que llora menos y duerme mejor trae consigo, obviamente, el bienestar de la madre. Además, dado que cantar en voz alta es relajante, la mamá tiene un motivo más para estar bien. No solo eso: puesto que los niños no entienden las palabras, sino que disfrutan únicamente con la música, los textos de las nanas en realidad solo suponen un desahogo o una serie de confidencias por parte de las madres.

Sandra Trehub cuenta que, en sus viajes por todo el mundo acompañada de una grabadora, ha oído decir muchas veces que las canciones cantadas por las madres se enriquecen con textos inventados para quejarse de sus maridos, de sus suegras o de los vecinos de casa, como sucede, por otra parte, en algunas nanas tradicionales italianas: en Toscana, por ejemplo, existen varias versiones de la *Nana de la malcontenta*, pero en todas «el papá disfruta y la mamá aguanta».

Pero el hecho de que la función de regulación del humor pueda apoyarse en algo innato suscita también algún interrogante: por ejemplo, ¿de qué le sirve a un neonato un tranquilizante? ¿Qué utilidad tiene que las nanas o las canciones de la mamá hipnoticen al niño? La antropóloga estadounidense ha propuesto una explicación, y es la hipótesis de «acostar al niño» *(putting down the baby)*: con la música, las madres podrían arrullar a los niños a distancia, sin necesidad de tenerlos en brazos. Se trataría de una cuna sonora, que deja ambas manos libres. [36]

En opinión de Falk, esta cuna sonora empezó a hacerse necesaria cuando, con el paso de la historia, las mujeres se encontraron con la necesidad de afrontar partos cada vez más difíciles, porque el volumen craneal de la especie había crecido: las que parían niños más inmaduros —y por tanto más pequeños— tenían una gran ventaja y sobre todo mayores probabilidades de supervivencia. Por eso, a diferencia de las crías de los otros primates, las del ser humano precisan de un largo período de protección por parte de sus padres; un niño de seis meses desde luego no es autónomo como un coetáneo chimpancé, que además puede agarrarse a la piel de su madre desde muy pequeño para que esta le lleve sin perder por ello la movilidad de las manos.

Habría nacido así un sistema para cuidar a los niños incluso durante la actividad cotidiana de la recolecta de alimentos. No solo eso; según Falk, los primeros sonidos emitidos por seres humanos habrían sido precisamente las vocalizaciones melódicas del idioma de las mamás. Y de ahí habrían nacido la música y el lenguaje.

Un aglutinante social

A muchos otros científicos la hipótesis de Falk les parece algo restrictiva, sobre todo con respecto a las posibilidades y a la difusión de la música, porque la ventaja que le confiere a la especie humana la posibilidad de cantar es mucho más compleja y no se limita a los primeros momentos de la vida del individuo. Tal como señala Sandra Trehub, es cierto que con la música se empieza a disfrutar de una forma simple de vida social, pero no está claro que su función deba limitarse a eso, ni mucho menos:

> Mi hipótesis es que la música siempre ha tenido la función de favorecer las conexiones entre personas, precisamente gracias a su significado emotivo. La relación madre-hijo podría ser solo una de estas conexiones [...]. La música modifica el humor en los niños, pero también en los adultos; por eso su función principal podría ser la misma durante toda la vida. [37]

La exposición a las nanas, pues, sería únicamente el primer contacto con la música y con su capacidad de acercar a las personas: una especie de ejercicio de sociabilidad.

Además, tal como escriben Leslie Bunt (musicoterapeuta de la Universidad de Bristol) y Mercédès Pavlicevic (directora del programa de musicoterapia de la Universidad de Pretoria), la musicalidad de la relación entre madre e hijo aportaría un código de comunicación propiamente dicho, necesario para la supervivencia del bebé:

> Madre e hijo desarrollan y comparten un rico «código» musical, que tiene una función de interacción. Esto puede interpretarse como una sensibilidad innata a los esquemas musicales, crucial para la supervivencia del niño, en la medida en que le permite comunicar y expresar sus necesidades básicas —hambre, cansancio, incomodidad, tristeza o satisfacción— a su madre (o a quien lo cuida). Del mismo modo, el neonato recibe y suscita los movimientos de la madre y responde a sus gestos y acciones no como a eventos musicales o temporales, ni como «conductas» con valor propio, sino más bien como si fueran elementos de expresión y comunicación personal: esa es la base sobre la que se forman las relaciones humanas.[38]

La sociabilidad, a su vez, garantiza mayores probabilidades de supervivencia, porque aumenta el éxito reproductivo, tal como se ha observado también en los primates no humanos.[39] Los individuos capaces de sacar las máximas ventajas a la vida junto a otros —entre ellas, por ejemplo, la posibilidad de recibir ayuda en caso de necesidad— son más longevos y tienen mayores probabilidades de copular y tener hijos. Hijos que crecerán en un ambiente más favorable a la supervivencia y que a su vez serán adultos mejores y mejores padres. Si eso es aplicable a los monos, también podría ser válido en nuestro caso.

En el caso de la humanidad en conjunto, adultos incluidos, la música sería, pues, un modo de compartir las emociones, de criar a los pequeños y de comunicar, como demuestra el hecho de que, en todas las poblaciones del mundo, los ritos religiosos y los momentos de fiesta siempre tengan una base melódica o rítmica de fondo. Del mismo modo que por todos los rincones de la Tierra se han extendido las marchas militares, los himnos nacionales, los coros en el estadio, los conciertos de rock o en la playa las tardes de verano. La música sería, pues, un aglutinante, un elemento de cohesión social, útil para crear un espíritu de grupo y de identidad, incluso en las situaciones más difíciles.

Durante el sitio de Leningrado, que duró de septiembre de 1941 a enero de 1944, la población dio muestras de gran determinación y resistencia, siguiendo con sus ocupaciones habituales a pesar de la persecución por parte de los nazis. Y también les ayudó a resistir la música de Dmitri Shostakovich, que en aquellos días compuso la famosa *Sinfonía n.º 7 en do mayor* o *Leningrado*: una música tan potente que fue definida como «sinfonía relámpago», en respuesta a la guerra relámpago de Hitler. La *Leningrado* fue interpretada por primera vez por la orquesta del Bolshói en marzo de 1942, en una pequeña ciudad de los Urales donde estaban evacuados el compositor y el teatro Bolshói. Y en agosto, a un año del inicio del sitio, se interpretó en una Leningrado en situación desesperada. Se hizo muy popular también fuera de las fronteras rusas, como emblema de la resistencia al nazismo, gracias a una copia de la partitura en microfilm que fue enviada en avión a Teherán, y de allí llegó en automóvil a El Cairo y finalmente a Nueva York, hasta caer en manos de Arturo Toscanini. Así, el 19 de julio de 1942, la *Leningrado* fue interpretada por primera vez en Estados Unidos y, al día siguiente, la efigie del compositor ruso apareció en portada en el semanario *Time*.

Otra confirmación del vínculo entre música y sociabilidad es el que aporta una investigación dirigida por la psicóloga francesa Maya Gratier, que estudió la influencia del cambio de identidad cultural y la seguridad emotiva de la madre en las interacciones con su hijo, observando a mujeres francesas que vivían en Francia, mujeres indias residentes en India y mujeres indias emigradas recientemente a Francia. Analizando las grabaciones de las madres que cantan para sus niños, y entrevistando a las mujeres sobre su sensación de bienestar, Gratier observó que, cuando se sentían alejadas del ambiente cultural en el que habían crecido y en el que se sentían bien acogidas, disminuía también su capacidad de comunicar con los hijos a través del canto.

El musicólogo británico Ian Cross comparte esta posición, pero va más allá al observar que, además de ser «un medio de gestación de la capacidad de interacción social y un espacio libre de riesgos para la exploración del comportamiento social»,[40] la música puede facilitar la maduración cognitiva del niño. Esta segunda función de la música, no menos importante, estaría vinculada a su naturaleza polisémica, es decir, a la posibilidad de vehicular significados diversos según el contexto en que se oye, y de adaptarse a las circunstancias, característica que Cross define como «intencionalidad fluctuante de la música». En este sentido, emerge también otro posible rol de la música en nuestra evolución: quizás haya servido para ejercitar el cerebro de nuestros antepasados, confiriéndoles la flexibilidad y la capacidad de abstracción que caracterizan al *Homo sapiens*. Podría haber sido precisamente la música la que nos ha hecho humanos, al hacer de propulsor de nuestra evolución reciente.

Todo esto probablemente no cuadre con la hipótesis de Geoffrey Miller de la música como reclamo sexual, pero no parece excluir la teoría de la música como protolenguaje.

Podría alegarse que existe también la posibilidad de escuchar música a solas, con auriculares o en el dormitorio, y que por tanto la idea de un vínculo tan estrecho entre música y sociabilidad tiene poca base. Aun así, la escucha de música a solas es una incorporación moderna que ha hecho posible la tecnología. Por mucho que hoy nos pueda parecer normal escuchar todo un concierto por la radio mientras conducimos por la autopista, o poner un CD a todo volumen durante una limpieza a fondo de la casa, tenemos que pensar que, hasta hace unas décadas, escuchar música a solas era imposible. O quizá fuera posible siempre que se fuera rico y se pudiera disponer de un palco en el teatro donde retirarse a solas para cenar o relajarse. En cualquier caso, los científicos advierten de que este tipo de experiencias solitarias y un poco onanistas no pueden anteponerse a las experiencias colectivas de producción y escucha de la música: ahora quizás estemos menos acostumbrados, pero desde luego eran predominantes cuando empezamos a cantar.

¿Unir o dividir?

Así pues, la hipótesis de la música como aglutinante social encuentra numerosos apoyos, aunque puedan haber sutiles diferencias teóricas entre un científico y otro. Luego está quien, como el musicólogo americano David Huron, ha propuesto un intento de síntesis entre esta idea y lo que se considera que puede haber sucedido con el lenguaje. [41]

Huron retoma la hipótesis formulada por su compatriota primatólogo Robin Dunbar sobre el origen del lenguaje: una hipótesis llamada *grooming and gossip,* es decir, «despiojarse cotilleando». El *grooming,* el despiojarse recíprocamente entre primates, habría nacido como modo para formar amistades y crear alianzas en el interior de la comunidad, exigencia vinculada al hecho de que el grupo, para poderse defender de las agresiones de los depredadores, debe ser bastante numeroso, cosa que conlleva tensiones internas. Teniendo que compaginar la necesidad de vivir junto a tantos congéneres para garantizarse la supervivencia y la necesidad de hacer amigos para no arriesgarse a quedarse solos, los monos habrían desarrollado el sistema de despiojarse unos a otros, que garantiza una cierta estabilidad para todos.

El tiempo que pasan despiojándose es mayor cuanto más numeroso es el grupo, es decir, que la inversión en el *grooming* depende de lo extensa que deba ser la red de alianzas de cada mono. Dunbar sostiene que el lenguaje es, en cierto sentido, una alternativa al *grooming* en los grupos grandes, compuestos de más de ciento cincuenta individuos; una alternativa más eficiente que permite comunicarse no ya con una persona cada vez, sino también con tres o cuatro.

Huron añade que algo parecido podría decirse de la música, con alguna ventaja suplementaria: el canto puede implicar a mucha más gente que una conversación, en la que se calcula que no suelen participar más de cuatro personas. Así, la música podría haber tenido la función de favorecer la socialización de varios individuos, y también la sincronización de las acciones del grupo.

Pero aunque muchos estén de acuerdo con la capacidad de unir que tiene la música, hay que señalar también que hay quien sostiene lo contrario. Es decir, que en la evolución de nuestra especie no ha tenido la función de fomentar las amistades y ayudarnos a trabajar juntos en armonía, sino que su papel se ha visto ligado exclusivamente a la confrontación entre grupos rivales.

Según Edward Hagen, de la Universidad Humboldt de Berlín, y Gregory A. Bryant, de la Universidad de California en Santa Cruz, la capacidad de cantar y bailar todos juntos tiene, efectivamente, la función de coordinar las acciones del grupo, pero no ha evolucionado del inocuo despiojado recíproco de nuestros antepasados, sino de sus actividades belicosas, las de defensa y control del territorio, que los simios de hoy en día siguen desempeñando con gritos. Según Hagen y Bryant, de estos gritos habría nacido un código sonoro de coalición con el que los miembros de los grupos habrían empezado a coordinar sus propias acciones. Quizá fuera así como naciera la capacidad de formar alianzas incluso en ausencia de vínculos de sangre. Como apoyo a su idea, los dos investigadores citan los gastos del Pentágono en bandas militares, que rondan los 200 millones de dólares al año y que demostrarían lo vinculada que sigue hoy en día la música a nuestra belicosidad.[42]

¡El flautista de Hamelín no era mágico!

Música como protolenguaje o música para comunicar con los más pequeños; la música como ejercicio para el cerebro o la música como aglutinante social: para llegar a una hipótesis compartida sobre el rol evolutivo de la música habrá que combinar los resultados de los estudios con niños —los ya efectuados y los que aún están por hacer— con los de los estudios sobre animales, y en particular sobre los primates no humanos.

Uno de los objetivos principales será la comparación de las habilidades musicales innatas de nuestra especie con las habilidades de las otras, para poder deducir así cuáles podrían haber tenido un papel adaptativo en el transcurso de la evolución humana. En particular, habrá que replicar en los monos los estudios realizados hasta ahora con niños, como se hace ya, desde hace décadas, con los estudios sobre el origen del lenguaje.

Un ejemplo de estos estudios comparativos, citado al final del Capítulo 5, es el realizado con neonatos humanos y de tamarino, que pueden aprender a distinguir el sonido del idioma holandés del japonés, pero que pierden esa capacidad si se les hace escuchar las frases al revés.[43] Este experimento no representa en absoluto una crueldad inútil sino al contrario, un instrumento importante para comprender hasta qué punto compartimos con otros animales la capacidad exclusivamente humana de hablar, y cómo nació nuestra facultad de hablar en el transcurso de la evolución.

Los estudios de Trehub y sus colegas tendrán que repetirse, pues, en monos, con todas las adaptaciones necesarias: jaulas en forma de uve, recompensas en forma de cacahuetes o plátanos en lugar de muñecos, y ningún padre en la jaula. Después habrá que investigar también los aspectos típicos de las vocalizaciones animales: a fin de cuentas, no se han encontrado ni grandes homologías ni grandes analogías con las otras especies. Tal como resumen Hauser y McDermott,

> Por lo que respecta a las homologías, ninguno de los grandes primates canta, lo que indica que nuestro último antepasado en común no debía de cantar. Por lo que respecta a las analogías, aunque otras especies canten, el contexto en que lo hacen es extremadamente limitado y viene muy definido por el papel que desempeña el canto en los contextos adaptativos de defensa del territorio y de la búsqueda de un compañero sexual.[44]

Aún no tenemos noticias de animales que canten solo por diversión como hacemos nosotros, que por otra parte somos también, probablemente, la única especie animal que se ríe. El camino, por tanto, es largo, y apenas estamos empezando; pero al menos con las investigaciones de la encantadora de bebés y de sus colegas hemos desenmascarado al flautista de Hamelín.

TERCERA PARTE

Donde se explican los efectos de la música sobre
el cuerpo, sobre la mente y sobre la sociedad,
eliminando algunos mitos.

Capítulo 7

Música directa al corazón

Cuando el cine era mudo, la que hablaba era la música. Con la melodía se subrayaba la carga emotiva de un momento dramático o se hacía languidecer a la platea durante una escena de amor. O se podía provocar la carcajada en una película de Buster Keaton. Para contar una historia, bastaba con imágenes y música.

En realidad, en los albores del cine, a principios del siglo pasado, la intención de quien ideaba músicas para las películas no era la de emocionar a la platea. Al contrario, la música se introdujo con un fin muy prosaico: disimular el traqueteo de los proyectores. Pero cuando se consiguió fabricar proyectores silenciosos tampoco se decidió renunciar al acompañamiento musical, y floreció la economía vinculada a la música de películas: había pianistas de oficio que tocaban en las salas de cine, hubo incluso un *boom* de ventas de pianos y las editoriales se pusieron a publicar antologías de música de acompañamiento entre las que se encontraban, por orden alfabético, piezas clásicas o de nueva composición tituladas *Hombre anciano*, *Baile*, *Aparición en escena*... Los pianistas no tenían más que hojear sus partituras y tocar la música apropiada para lo que estaba sucediendo en pantalla.

Después llegaron las películas sonoras. Entonces ya no hacía falta realmente un pianista en cada sala de cine. Y tampoco había necesidad de subrayar con la melodía si una escena se estaba volviendo inquietante, porque podía decirlo el siniestro chirrido de una puerta. Pero de nuevo la música se salvó. Es más, adoptó un puesto de honor y se convirtió en parte integrante de la película.

El poder emotivo de la música

El primero que comprendió su importancia fue el director soviético Sergei M. Eisenstein. El autor de *El acorazado Potemkin*, que comprendió que el público veía y oía al mismo tiempo y, obviamente, que percibía imágenes y sonidos en el mismo momento, decidió que en el cine había que montar el sonido igual que se montaban las imágenes.[1]

Fue así como nacieron las bandas sonoras: un género musical en sí mismo, completamente diferente a las composiciones musicales tradicionales. Un compositor de bandas sonoras trabaja en sintonía con los tiempos de la producción cinematográfica, pero sobre todo suele tener que seguir la historia escrita por otra persona. En muchos casos el resultado es que la banda sonora no tiene mucho sentido oída por alguien que no haya visto la película, porque la música nace como apoyo a las imágenes y está pensada para acompañar informaciones visuales. Es una música de apoyo a las imágenes, aunque hay quien ha hecho de ello un arte, como Ennio Morricone, con sus más de quinientas bandas sonoras en el curso de una larga y laureada carrera. Y al revés, una película sin banda sonora pierde gran parte de su carga emotiva: el público se mete menos en la historia, su nivel de atención disminuye y también su capacidad de memorizar las informaciones transmitidas por las imágenes.

Pongamos un ejemplo: una chica se da una buena ducha relajante después de haber hecho un largo viaje en coche. Tras la cortina de la ducha aparece una sombra: podría ser su marido, que le acerca la toalla. Podría ser realmente cualquier cosa pero, si añadimos como elemento sonoro una serie de insistentes notas de violín, el «cualquier cosa» se convierte en Norman Bates y comprendemos que la joven está a punto de acabar muy mal. Quien conoce *Psicosis* no puede olvidar esta escena, en parte por su banda sonora. Pero si se le hace ver a alguien que no conozca la película de Alfred Hitchcock, quitando la banda sonora, seguro que no se asustará tanto.

Para los cineastas, pues, la música es un recurso emotivo indispensable. Es un instrumento capaz de amplificar los sentimientos del público y de dar un sentido particular a las escenas, hasta el punto de que los mismos diez minutos de una acción, acompañados de bandas sonoras diferentes, pueden comunicar sensaciones muy variables, y los espectadores se prepararán para un final feliz o trágico según lo que les sugiera la música.[2]

Para hacernos una idea, podríamos atrevernos a imaginar la escena de la ducha de *Psicosis* con el motivo repetitivo de *El show de Benny Hill*. Por otra parte, quizá precisamente para evitar el efecto extraño que habría obtenido con cualquier otra música dramática, Gus van Sant, autor del valiente *remake* de *Psicosis* de 1998, decidió usar un arreglo sobre las músicas originales de Bernard Herrmann en lugar de sustituirlas por otras.

Se ha observado también que el acompañamiento musical puede tener una acción de refuerzo sobre la memorización de las escenas: si la música es congruente con el tono de la historia mostrada (film alegre y música alegre, o film triste y música triste), el público tiende a recordar mejor la trama. Si, en cambio, la música es congruente con la película, pero acaba antes que las imágenes, el interés del espectador decae drásticamente.[3]

Pero si en el cine el poder de la música ha sido casi un descubrimiento casual, un caso de serendipia, a los músicos el caso no les resulta en absoluto sorprendente: en la ópera, por ejemplo, la música siempre se ha escrito con la voluntad de influir en las emociones del público. Existe una carta de Mozart a su padre en la que el compositor austríaco explica que, en la partitura de *El rapto del serrallo*, utilizó música «a la turca» para crear un efecto cómico durante la escena en la que Osmino se enfurece, y que utilizó cambios de clave o de ritmo para sorprender al público al final de ciertas arias.

Pero ¿la música es la banda sonora de la acción escénica, o la acción es «banda visual» de la música? Para Mozart, la poesía del libreto tenía que ser «hija obediente» de la música. En cambio, para Richard Wagner, nacido unos sesenta años después que Mozart, era la música la que daba apoyo al libreto. Esta relación entre imagen y música, precisamente, fue el motivo de una discusión entre Luigi Illica y Giuseppe Giacosa, los dramaturgos que escribían los libretos de las óperas de Puccini. Un día, Illica escribió enfurecido a Puccini:

133

¡La forma de un libreto la da la música, solo la música y nada más que la música! ¡Solo ella, Puccini, es la forma! Un libreto no es más que el rastro. Y dice bien Méry,[4] cuando sentencia: «La letra en las óperas se hace exclusivamente para comodidad de los sordos».[5]

En el canto lírico, sostenía Illica, es la música la que tiene al público atado al asiento, la que lo conmueve y lo arrastra. Mientras que las palabras son secundarias.

El efecto Château Lafite

Un poco como ocurre con las nanas para niños, la música puede ser usada por los adultos para hacer que se estremezcan o se emocionen durante el relato de una historia inventada. Pero también para convencerles de que gasten más.

Efectivamente, en un estudio efectuado en 2003 por Adrian North, de la Universidad de Leicester (Inglaterra), se observó que los clientes de un restaurante de lujo eligen los platos más caros del menú si en la sala suena música clásica. Para demostrarlo, los investigadores se pasaron dieciocho días en un restaurante y compararon la caja hecha las noches en que se cenaba al son de la música clásica, de música pop o sin música. El resultado no deja margen a la duda: Mozart puede convencer a los comensales de que pidan una botella de vino más caro o a que decidan no ahorrar en postres de categoría. ¿Por qué? Según North, porque los clientes, al escuchar la música clásica, se sentían personas más refinadas; así, para estar en sintonía con esa imagen que tenían de sí mismos, ante la carta de vinos no reparaban en gastos.[6]

El estudio fue obra del Grupo de Investigación sobre Música (Music Research Group) de Leicester, el mismo que en 2001 elaboró una lista de éxitos para vacas: en primer lugar, *Everybody hurts*, de los REM, seguida de *Bridge over Troubled Water*, de Simon and Garfunkel, y de la *Pastoral* de Beethoven, con la que, curiosamente, se obtenía un aumento en la producción de leche de 0,73 litros al día. Al final de la lista quedaría la música de Jamiroquai y de los Supergrass, junto al clásico *Back in the USSR* de los Beatles.[7] Y el mismo equipo observó que las gallinas ponen un número mayor de huevos si escuchan a Pink Floyd en el gallinero.

Posteriormente los investigadores de Leicester se dedicaron a esa especie de ser humano que puebla los supermercados, y observó que la música alemana les empuja a acercarse a los estantes donde se encuentra el vino del Rin, mientras que la música francesa les lleva hacia el Beaujolais. La explicación de este fenómeno, no aplicable a vacas y gallinas, tiene que ver con un mecanismo psicológico perfectamente descrito por el que, cuando nos vemos condicionados por un estímulo externo, tendemos a comportarnos de modo coherente con su significado. Así, si la música nos recuerda a Francia, inconscientemente nos vemos tentados a empujar el carrito hacia las botellas de Beaujolais, pero también hacia el paté, el brie y el Sauternes.[8]

Antes que el grupo de North, Charles Areni y David Kim —de la Universidad James Cook de Australia y de la Universidad de Tecnología de Texas, respectivamente— habían observado ya la misma propensión hacia los vinos caros. Calcularon que quien entra en una bodega donde suena la música de Mozart gasta aproximadamente un 250 por ciento más que quien se encuentra con bodegueros menos influidos por la psicología. El mecanismo se definió como «efecto Château Lafite» en honor a uno de los vinos más caros de la Tierra, y no hace falta necesariamente que se trate de Mozart para que se registre: también funcionan perfectamente Mendelssohn, Brahms, Chopin, Beethoven o cualquier compositor que tenga la capacidad de hacer que el oyente medio se sienta culto e inteligente.[9]

Es difícil de explicar

El efecto Château Lafite o el de la música a la turca de Osmino son efectos inconscientes, pero podemos darnos cuenta del valor emocional de la música y del tipo de influencia que tiene sobre nuestras sensaciones. Cuando elegimos el CD que queremos poner en el equipo de música lo hacemos siempre teniendo bien claro qué género se adapta mejor a nuestro estado de ánimo o qué es lo que va mejor a esa circunstancia o a aquel momento. Y si alguien nos pide que justifiquemos nuestra elección, casi siempre lo hacemos haciendo referencia a las emociones. No obstante, tal como subraya el científico Robert Zatorre, «en los estudios sobre música, durante mucho tiempo y hasta hace muy poco se han desestimado las emociones, porque son realmente difíciles de estudiar».[10]

Esta dificultad se explica de tres maneras. En primer lugar, generalmente se atribuye a las emociones un valor biológico vinculado con la supervivencia del individuo o de la especie: el miedo provoca comportamientos que permiten ponerse a salvo en caso de peligro, el placer estimula a proseguir con la actividad a la que nos dedicamos, etc. Sin embargo, dado que la música no tiene un valor biológico directamente comprensible, no se entiende bien para qué sirven las emociones que suscita, y por tanto los neurólogos aún no les han dado importancia suficiente como para considerarlas merecedoras de estudios específicos.

Pero hay otro problema nada banal: el de los gustos individuales, que entre otras cosas también pueden cambiar con el tiempo. No es verosímil, por ejemplo, que a seis mil millones de personas les guste el jazz; del mismo modo que, probablemente, hasta el seguidor más sofisticado de John Coltrane se pasó la infancia escuchando las canciones de Torrebruno. Esta variabilidad hace que la valoración de las emociones musicales tenga un punto de partida poco objetivo.

Por último, hay una cuestión más técnica: la dificultad de valorar las emociones en un laboratorio.

A pesar de los obstáculos descritos, de un tiempo a esta parte está empezando a fermentar una idea entre psicólogos y neurólogos: si consiguiéramos estudiar seriamente las emociones musicales, si lográramos comprender los mecanismos que las provocan, probablemente podríamos obtener alguna respuesta al porqué de la existencia de la música entre los humanos.

Si consideramos válida la hipótesis que da a las emociones la función de estimular conductas útiles para la supervivencia, podríamos explicar las respuestas emocionales a la música en términos de presión selectiva; podríamos decir, por ejemplo, que nuestras habilidades musicales están vinculadas a la necesidad de distinguir los estímulos auditivos ambientales que presagian peligros de los amistosos. En esta óptica, la música que suscita miedo podría activar un mecanismo ancestral de defensa de algo que suponía una amenaza objetiva para la seguridad de nuestros antepasados —como el rugido de un gran depredador o el ruido de la tormenta—, mientras que la música agradable podría recordar sonidos relacionados con algo favorable, por ejemplo los encuentros sociales con otros miembros de nuestra especie.

Del mismo modo, los neurólogos piensan que estudiando la música podríamos comprender también algo más sobre las emociones en general. Así pues, en manos de los científicos la música podría convertirse en un instrumento útil no solo para persuadirnos a que compremos una botella de vino de cien euros, sino también para comprender la naturaleza humana.[11]

Emociones musicales

En cualquier caso, hablar de emociones no es nada fácil. ¿Qué es una emoción? No existe una definición clara y detallada de la palabra «emoción»: basta con pasar de la dada por un filósofo a la de un biólogo para darse cuenta. El primero se referirá sobre todo a los aspectos subjetivos de las emociones y no hará mención a lo que sucede en nuestro organismo cuando nos asustamos o cuando nos conmovemos. El segundo, en cambio, hablará precisamente de las alteraciones fisiológicas al remontarse a los orígenes de las emociones, pero pasará más de puntillas por los aspectos más íntimos.[12]

Sea como fuere, lo que parece adquirido son las expresiones universales, manifestadas con muecas iguales para todos los pueblos de la Tierra e interpretables siempre del mismo modo. El primero que lo dijo fue Charles Darwin, en *La expresión de las emociones en el hombre y en los animales*, publicado en 1872.[13] La idea de Darwin era que las expresiones del rostro, las gestuales y las vocales, así como la capacidad de leerlas en el prójimo, han sido seleccionadas por la evolución, porque son necesarias para la comunicación entre dos o más individuos de la misma especie. En efecto, algunas expresiones humanas son reconocibles por todos los hombres: cuando antes de un partido de rugby la selección neozelandesa ejecuta su *haka*, la danza ritual maorí, usa movimientos y expresiones del rostro que saben interpretar incluso los adversarios europeos o americanos. Hasta los ordenadores se pueden configurar para que identifiquen las emociones que afloran en el rostro: en 2002 un grupo de informáticos estadounidenses puso en marcha un sistema capaz de interpretar en la cara de cualquier persona la tristeza, el miedo, la desorientación y la felicidad.

Entre otras cosas, esta aplicación de las investigaciones sobre las expresiones humanas ha llevado al estudio de las emociones suscitadas por la música, sobre todo a nivel colectivo. Puede que sea el motivo por el que se le reconoce una función de aglutinante social. La música que emociona al público en las salas de conciertos se considera más próxima a su forma primitiva, y por tanto también a lo que se considera que habrá sido su objetivo primitivo: favorecer la comunicación.

Se enmarcan en este cuadro las hipótesis resultantes de los estudios sobre las nanas, según los cuales la música cantada a los niños marca la primera interacción entre madre e hijo en un momento en que este último aún no sabe hablar. En apoyo de esta idea surgen observaciones vinculadas de un modo más específico a la estructura de nuestra música, una vez más contrapuestas a las observables en el lenguaje hablado. Tal como observa la neuróloga Isabelle Peretz:

> En apoyo de la tesis sobre el valor adaptativo de la música, especialmente a nivel colectivo, cabe recordar que la música posee dos características que reflejan un papel intrínseco en la sociabilidad (a diferencia de la comunicación, que es la función clave del lenguaje). Los intervalos entre sonidos permiten mezclas armónicas de voces y la regularidad temporal facilita la sincronización de los movimientos. Estas dos características son muy eficaces como medio de promoción del canto o del baile de varios individuos a la vez. Es algo típico de la música, y desde luego no del lenguaje, que debe ser una acción individual para resultar comprensible.[14]

Lo que motiva la música a nivel social es lo que se define como «emociones extrínsecas», es decir, no directamente vinculadas a las características de la música, sino atribuibles a factores extramusicales. Por ejemplo, las emociones extrínsecas pueden nacer de la proximidad entre la música y un evento asociado con un contenido emocional propio, como en el caso del *Réquiem* de Mozart, o *La pasión según san Mateo*, de Bach, y sus relativos ritos religiosos. O pueden ir asociadas a eventos particulares de nuestra vida y adquirir significado con el recuerdo de aquel evento. Es lo que sucede cuando, sin pensarlo, le decimos a nuestra pareja: «Están tocando nuestra canción». Pero podemos citar también el malestar que producen músicas que se relacionen con un período dramático de la historia personal, o el sentimiento de identificación y de integración que sienten los adolescentes con la música pop.[15]

Las emociones intrínsecas —vinculadas directamente a las características de la música— se combinan con las que son proyección de nosotros mismos, por lo que no es posible considerar las emociones musicales independientemente del contexto personal, histórico y social en el que se mueve el individuo. Así pues, si queremos partir de la dimensión colectiva de nuestra musicalidad —ya que es la más importante desde un punto de vista evolucionista— hay que reconocer que buena parte de la emotividad que tendremos que estudiar es independiente de las características de la música. Es más, las emociones son objeto de fuertes influencias sociales, incluso si es la música la que las evoca. Como sabemos que Beethoven es considerado uno de los compositores más grandes de todos los tiempos, cuando vamos a oír un concierto con piezas de Beethoven nos vemos impulsados a esperar algo particularmente bonito y en consecuencia nos emocionamos más. En cambio, si nos dicen que estamos escuchando música escrita por un autor que no consideramos gran cosa, aunque en realidad sea un genio, enseguida nos planteamos que quizá no nos guste.

Cada audición tiene un valor cultural que depende del contexto, y este influye en las emociones y en su expresión. Tal como afirma el psicólogo John Sloboda:

> Nos acercamos a cualquier música nueva con la expectativa (o la esperanza) de que tenga un contenido emotivo. Una respuesta a la pregunta «¿por qué es emotivamente potente la música?» es que así es como hemos decidido verla.[16]

Si olvidamos este factor, tenemos que ceñirnos a los comentarios pedantes de quienes dicen que la grandeza de Beethoven no tiene límites temporales ni fronteras, mientras que cierta música moderna es indiscutiblemente de serie B.

Bromuro para los oídos

De las emociones al humor no hay mucho camino. Y algunos estudios parecen haber hecho un gran descubrimiento al demostrar que escuchar música puede modificar nuestro estado de ánimo. Se trata de estudios biológicos, como el de Carol Krumhansl, de la Universidad Cornell, que midió las reacciones físicas en respuesta a músicas diversas —frecuencia cardíaca, tensión arterial, frecuencia respiratoria, transpiración— demostrando que las piezas en tono mayor (como el *Cumpleaños feliz*) desencadenan reacciones físicas asociadas a la felicidad, mientras que las piezas en tono menor (como el bolero *Si tú me dices ven*) provocan reacciones asociadas a la tristeza.[17] Puede resultar interesante observar que el fenómeno se verifica únicamente a partir de los seis años: los niños más pequeños tienden a valorar una canción como triste o alegre solo en relación a su velocidad, y no al tono mayor o menor.[18]

Ya en 1935, una pionera de los estudios sobre emociones musicales, Kate Hevner, había alcanzado las mismas conclusiones que Carol Krumhansl con un estudio de tipo psicológico, pidiéndole a un grupo de voluntarios que indiquen el adjetivo más indicado para algunas piezas musicales.[19]

Dicho así, cabe pensar que no haya ninguna novedad destacable: estos resultados solo parecen demostrar objetivamente lo que todos sentimos cada vez que oímos música. Lo mismo puede decirse del ritmo: los ritmos rápidos nos hacen sentir más vitales y dan más ganas de bailar; los lentos, en general, dan una sensación de calma, pero también de tristeza, independientemente de la educación musical recibida.

Después están los estudios sobre hormonas y neurotransmisores, parecidos al de medición del cortisol en la saliva llevado a cabo por Sandra Trehub con recién nacidos. Por ejemplo, Robin Dunbar, de la Universidad de Liverpool, midió los niveles de endorfinas —hormonas similares a la morfina producidas en el cerebro y capaces de aliviar el dolor y generar una sensación de satisfacción— de los fieles de una iglesia anglicana. De este modo descubrió que la producción de estas sustancias aumenta en el transcurso del servicio religioso, sobre todo después del canto de los himnos. La idea de Dunbar es que el fenómeno está vinculado a la capacidad de la música de fomentar la socialización entre individuos, incluso en situaciones difíciles, y por tanto la supervivencia del grupo. [20]

En un estudio japonés, en cambio, se examinaron las diferencias entre hombres y mujeres en cuanto a variaciones en los niveles de testosterona y cortisol provocadas por la música. En las situaciones física y psicológicamente estresantes, el cortisol aumenta del mismo modo en los dos sexos, mientras que la testosterona se comporta de forma diferente en condiciones de estrés: en los hombres disminuye, y en las mujeres aumenta. Los investigadores, Hajime Fukui y Masako Yamashita, de la universidad de Nara,[21] reclutaron a 88 estudiantes (44 varones y 44 mujeres) y los dividieron en cuatro grupos: el primero tenía que escuchar música únicamente (música japonesa para niños y canciones en inglés), el segundo tenía que ver imágenes violentas escuchando la misma música, el tercero solo veía las imágenes y el último no hacía nada. A todos se les midió el nivel de cortisol y de testosterona en la saliva, antes y después de la prueba. Fukui y Yamashita observaron que la música tiene la capacidad de reducir los niveles de cortisol en ambos sexos, supuestamente porque relaja y es agradable. Así que puede mitigar el efecto estresante de la visión de escenas violentas. Este tipo de respuesta era más o menos previsible. Pero en lo referente a la variación de los niveles de testosterona, se produjo una sorpresa: la hormona respondió a la música exactamente como responde a las situaciones de estrés, es decir, bajó en los varones y aumentó en las mujeres.

La hipótesis de los dos investigadores es que el descenso de testosterona en los hombres puede estar relacionado con la capacidad de la música para reducir la agresividad: como esta y la competitividad típicas de los varones pueden ser un obstáculo a la serenidad del grupo, todo lo que ayude a frenarlas tiene, sin duda, un gran valor biológico. Esta observación coincide con las hipótesis que reconocen el valor de aglutinante social de la música. Pero no explica gran cosa del efecto sobre la testosterona femenina.

La música de todos los días

En la era de los lectores mp3, la dimensión privada de la música no es menos importante que la colectiva. En nuestras vidas, cada día y casi a cada momento, podemos escoger oír música a solas, simplemente poniéndonos unos auriculares y apretando un botón. O en casa, encendiendo el equipo de música y poniendo un CD. En estos casos, independientemente del tipo de emociones que estemos buscando, la música parece perder esa capacidad de acercarnos a otros individuos de nuestra especie, capacidad identificada como una de sus funciones primitivas (salvo, quizá, cuando cantamos una canción a grito pelado mientras suena la grabación del cantante original). No obstante, la dimensión privada de la música puede explicarse como una versión ultramoderna de las conductas vinculadas al mismo tipo de placer.

En cualquier caso, esta dimensión privada está siendo estudiada por parte de algunos psicólogos, sobre todo por sus aspectos de autoterapia. Pero se trata de estudios complejos, porque requieren seguir cada momento en que el sujeto escucha música, sea voluntariamente o por casualidad. Por tanto, el laboratorio no es el ambiente más idóneo, y con las entrevistas también se corre el riesgo de no sacar nada en claro: el hipertecnológico oyente moderno fagocita música todo el día, pero luego no se acuerda de cuál. Por otra parte, ¿qué persona con una inteligencia y una memoria normales podría dar un listado completo y preciso de todos los estímulos musicales a los que se ha visto expuesta en el transcurso de una jornada? (Anuncios de televisión y de radio incluidos, claro. Si no, no vale).

En este esfuerzo de reconstrucción de nuestra jornada musical es probable que recordemos mejor la música que hemos oído conscientemente (y no una lista de reproducción de una hora), en particular las que nos hayan impuesto a nuestro pesar: la canción que suena a todo volumen en una tienda, la música del metro o la cantinela de un odioso anuncio de televisión. Cuando nos parece poco adecuada para la situación, o si nos pilla desprevenidos, la música puede resultar realmente desagradable y el efecto Château Lafite se manifiesta al contrario. Si se quiere vaciar un supermercado a las ocho y media de la tarde, no hay más que quitar a Mozart y poner de pronto un estruendo propio de un festival tecno a todo volumen: todas esas personas que tantos aires se daban mientras miraban con detenimiento las estanterías se dirigirán a toda prisa hacia las cajas. La técnica de usar música desagradable para alejar a las visitas no deseadas también se utilizó en el metro de Londres.[22] En este caso se trataba de reducir los episodios de vandalismo evitando que las estaciones se convirtieran un lugar de encuentro de chavales ociosos y gamberros: la música tenía que ser específicamente desagradable a sus oídos. Y ahí vuelve a encontrar su lugar nuestro amigo Mozart. Para un gamberro inglés, la música clásica es lo menos *cool* que existe en el mundo, y dejarse ver en un lugar donde se escucha esta música resulta socialmente impropio. La ventaja de este sistema es que tampoco molesta al resto de transeúntes; al contrario, se crea un ambiente más relajado para todos.

Para cuantificar la música a la que nos vemos expuestos a lo largo del día y para comprender de qué se trata, el psicólogo John Sloboda llevó a cabo una investigación muy particular: pidió a un grupo de voluntarios que llevara encima en todo momento un cuaderno donde tomar nota de la música que oían y de la circunstancia a la que iba asociada (por ejemplo: «20:28, créditos de película; 20:29, presentación del telediario; 20:34, música de anuncios de ropa de la campaña de Navidad…»). Además, Sloboda llamaba a sus conejillos de Indias cada dos horas y les interrogaba sobre lo que estaban haciendo. Solo en el 2 por ciento de los casos los sujetos respondían que estaban escuchando música, pero casi siempre, cualquiera que fuera la actividad que estaban realizando, había música de fondo. El sujeto podía trabajar, comer, darse una ducha, limpiar el baño, ir de compras, conducir, coger el metro, tomarse un aperitivo con los amigos… pero casi siempre estaba escuchando música, sobre todo si se encontraba en casa, de viaje o si realizaba una actividad lúdica. Ninguno de los sujetos de estudio respondió que en aquel momento estaba tocando un instrumento.[23]

Para Adrian North, que llevó a cabo un estudio similar, eso significa que en el siglo XXI la música está destinada a perder el valor emotivo que tenía hace un par de siglos.[24] Para otros es simplemente la demostración de lo importante que es la música en nuestras vidas. No obstante, en cierto sentido, estos resultados representan una mala noticia para todos los científicos, porque demuestran que escuchar la música de forma atenta y concentrada, como durante un concierto —y sobre todo durante un test de laboratorio— es algo bastante raro.

143

Los circuitos del placer

Para quienes estudian el cerebro con técnicas de imagen, este problema resulta insuperable. Hay que resignarse a un simple acercamiento a la realidad y esforzarse mucho para evitar los posibles factores de error. Actualmente los principales estudiosos de este campo son Robert Zatorre y Anne Blood, del Instituto Neurológico de Montreal, que publicaron su primer estudio con neuroimágenes en 1999 en *Nature Neuroscience*. Para evitar caer en los problemas que hemos mencionado, estos dos científicos decidieron partir de las emociones negativas. Tal como contó Zatorre a la revista *Nature*:

> Los gustos musicales son tan variables que era más fácil diseñar experimentos sobre elementos musicales que nadie soporta (las disonancias) que intentar buscar músicas a las que todos responden de forma positiva.[25]

Así pues, reclutaron a una decena de estudiantes y los sometieron a una TEP, que permite «fotografiar» la actividad cerebral poniendo de manifiesto las zonas con mayor irrigación sanguínea y, por tanto, más activas en un momento dado (mientras escuchaban diez fragmentos musicales con más o menos disonancias). El resultado fue que en una parte precisa del cerebro el flujo de sangre cambiaba en función de la cantidad de pasajes desagradables que se les obligaba a escuchar. Una observación realmente importante, porque demostraba por primera vez que los mecanismos neuronales que generan las emociones musicales no proceden de zonas del cerebro destinadas al reconocimiento de los sonidos, es decir, de las zonas auditivas, sino de los «sectores» del cerebro que generan emociones de cualquier otro tipo.[26] En particular, en este caso se trataba de las mismas regiones que anteriormente se habían mostrado activas en respuesta a estímulos que evocaban emociones negativas, como la observación de imágenes desagradables.

A continuación, Zatorre y los suyos se centraron en las emociones positivas. En un experimento posterior reclutaron a otros estudiantes que, esta vez sí, pudieron escoger lo que querían oír, y la TEP arrojó un nuevo resultado importante: que cuando escuchamos música de nuestro gusto, entran en juego los circuitos neurológicos que también participan en los mecanismos de motivación y recompensa, activos durante las actividades favorables a la supervivencia del individuo y de su especie; en dos palabras: comida y sexo.[27] La activación de estas zonas cerebrales, que constituyen una parte del denominado sistema límbico, tiene el significado biológico de fomentar la alimentación y la reproducción, dos actividades que indudablemente vale la pena promover, por el bien de la especie. Pero ¿qué implicaciones tiene el hecho de que una música agradable pueda activar estas mismas zonas?

La música no tiene una relevancia evidente desde el punto de vista biológico ni es una sustancia psicoactiva, como las drogas y fármacos que estimulan los circuitos de la recompensa y del placer (pero también como el chocolate). La música es un estímulo abstracto, intangible. La hipótesis de Zatorre y Blood es que la activación de estos circuitos por parte de la música es una característica propia del ser humano. Y que:

> Con el establecimiento de un vínculo anatómico y funcional entre los sistemas cerebrales filogenéticamente más antiguos, necesarios para la supervivencia, y los más nuevos, de tipo cognitivo, aumenta nuestra capacidad general de dar significado a los estímulos abstractos, así como nuestra capacidad de obtener de ellos un placer.[28]

El lugar de las emociones

Una vez más, junto a quienes estudian el cerebro a través de las técnicas de imagen cerebral encontramos a los psicólogos, que buscan reconocer el origen de las emociones musicales a partir de la observación del comportamiento.[29] Y de nuevo nos encontramos con el caso de I. R., contado por Isabelle Peretz en numerosos artículos y que ya hemos descrito en el Capítulo 3.

En 1988, I. R. tuvo que someterse a una operación del cerebro a causa de dos aneurismas: el resultado fue un daño que afectó a la corteza auditiva de ambos hemisferios; con el tiempo I. R. consiguió recuperar completamente la capacidad de lenguaje, la memoria y la inteligencia. Ahora, casi veinte años después de la operación, es del todo normal salvo en la capacidad de reconocer la música: sufre lo que se define técnicamente como una agnosia musical, motivo de que se haya convertido en sujeto de estudio preferente para Peretz, siempre a la caza de pistas sobre la localización y la forma de nuestra musicalidad.

Una de las cosas que despertó la curiosidad de la psicóloga canadiense es el hecho de que I. R. sostuviera que le gustaba la música y que incluso tuviera una discreta colección de casetes en su coche. No era capaz de distinguir lo que estaba escuchando, pero aseguraba que podía reconocer el carácter de la música que se oía en el coche y que le resultaba agradable. Para entender mejor el caso, Peretz llevó a cabo un primer experimento en el que le hizo escuchar unas canciones populares —entre ellas alguna típica de Canadá, de donde era I. R.—; ella tenía que decir si reconocía la melodía y si la encontraba alegre o triste. Y el resultado fue que, por ejemplo, con canciones animadas como el *Cumpleaños feliz* (obviamente en versión instrumental), I. R. dijo: «No conozco esta canción, pero parece alegre».

En un segundo experimento, [30] Peretz quiso estudiar mejor la peculiaridad de I.R.: le hizo escuchar melodías que debía definir como alegres o tristes (al tiempo que comparaba el tiempo que tardaba en emitir su conclusión con el correspondiente a voluntarios sanos) y después le hizo decidir si ambas melodías eran iguales o no. Mientras que en la primera prueba I.R. obtuvo resultados similares a los de los otros sujetos, en la segunda demostró no reconocer ni siquiera las variaciones más burdas, que todos los voluntarios sanos reconocían a la primera. Así pudo establecer de forma concluyente que la lesión de I. R. no había afectado al aspecto emotivo de la música, por suerte para ella y para los vendedores de casetes de Canadá.

Según Peretz, el caso de I.R. demostraría que las emociones musicales se pueden aislar en el cerebro humano, porque pueden perderse o quedar indemnes cuando se sufre un accidente cerebral en la edad adulta. De hecho, además del de I.R. se han descrito casos de músicos que han perdido todo interés por la música súbitamente, pese a seguir siendo capaces de tocar: para ellos, el problema era el contrario al de la agnosia musical de I.R., ya que el daño cerebral no les había afectado a las zonas necesarias para reconocer e interpretar la música, pero sí a las encargadas de atribuirle un contenido emotivo, de hacerla apasionante, melancólica, festiva o dramática. Desgraciadamente, en la literatura científica estas descripciones son pocas y casi anecdóticas, entre otras cosas porque las personas que sufren accidentes neurovasculares o daños cerebrales de otro tipo se ponen al cuidado de neurólogos y neurocirujanos, para quienes la prioridad en pacientes de este tipo no es, desde luego, la recuperación de las emociones musicales.

Pero otros estudiosos han informado de casos parecidos, como la psicóloga Regine Kolinsky, que contó el caso de una señora que ya no reconocía siquiera la música de sus propios discos. Un día, la psicóloga le hizo escuchar la grabación del *Adagio* de Albinoni que tenía en casa, y ella dijo: «No reconozco esta música; es la primera vez que la oigo. Pero me provoca tristeza. Esta sensación me hace pensar en el *Adagio* de Albinoni». Así pues, pese a haber perdido la memoria musical, la señora podía usar el contenido emotivo y su capacidad de procesarlo para reconocer lo que estaba sonando en el tocadiscos.

Además de indicar que las emociones musicales son separables de otras emociones y de otras habilidades relacionadas con la música, según Peretz el caso de I.R. sugiere también que las emociones musicales tienen al menos un componente alto, evolucionado, porque I.R. es capaz de distinguir la escala en la que se toca una melodía: una mayor, generalmente asociada a emociones positivas, o una menor, usualmente considerada triste. En otras palabras, no todo el placer de la música estaría relacionado con los bajos instintos primitivos que nos permiten disfrutar de la comida y del sexo.

La hipótesis de Isabelle Peretz parece encontrar confirmación en una observación repetida varias veces con electroencefalogramas. Al menos tres estudios realizados en el margen de dos años han demostrado una activación asimétrica de la corteza cerebral según el espíritu alegre o triste de la música que escuchamos: si es alegre, se activa preferentemente el hemisferio izquierdo; si en cambio es triste o amenazante, se activa más el hemisferio derecho. [31] Por supuesto también hay estudios que afirman que no se observa tal asimetría.

De todos modos, igual que en el debate sobre la existencia o no de circuitos cerebrales específicos para la música, también en el campo de las emociones hay quien saca a colación las analo-

147

gías entre música y lenguaje, manifestándose contrario a la teoría de Peretz. Por ejemplo, el psicólogo sueco Patrik Juslin sostiene que las emociones musicales activan las mismas áreas del cerebro que participan en el reconocimiento de la expresividad vocal, es decir, la que sirve para transformar una frase afectuosa en una orden tajante («Ven aquí...» en «¡Ven aquí!»).[32] Por lo demás, Juslin sostiene que también las expresiones vocales se vehiculan mediante cambios de ritmo, de intensidad y de tono de la voz. Esta idea no es nueva; no obstante, tal como admite el propio Juslin, es inverosímil que la proximidad entre expresividad vocal y expresividad musical baste para explicar al cien por cien la capacidad de la música para emocionar a quien la escucha. Y, en cualquier caso, tampoco se ha estudiado la expresión vocal de las emociones lo suficiente como para hacer este tipo de afirmaciones.

Gracias a un estudio realizado con dieciséis pacientes que, como I.R., habían tenido que someterse a una operación neuroquirúrgica, se identificó un tipo particular de emoción musical: es el miedo, ingrediente fundamental de las películas de terror. Un grupo de psicólogos canadienses,[33] entre ellos la misma Peretz, vio que las bandas sonoras de las películas de terror perdían la capacidad de provocar escalofríos al espectador que veía en la pantalla una mano solitaria abriendo lentamente la puerta de una habitación vacía, o una sombra misteriosa asomar por una ventana, si el sujeto en cuestión había sufrido la extirpación de una parte determinada del cerebro. Esta parte contiene una pequeña estructura en forma de almendra que forma parte del sistema límbico y es una de las zonas más antiguas del cerebro humano, ya que se encuentra también en animales con una trayectoria evolutiva de la que nos separamos hace más tiempo: la amígdala.

La amígdala es la responsable del canguelo que nos coge de pronto ante algo que nos parece peligroso, o que se parece a algo ante lo que es razonable sentir temor. Cuando una mirada fugaz a una cuerda enrollada en una esquina del garaje nos provoca un sobresalto porque nos ha parecido una serpiente, antes de que nos demos cuenta de que no lo es, la amígdala se activa y estimula las reacciones típicas del miedo, sobresalto incluido. Los que han sufrido la extirpación de la amígdala son menos propensos a llevarse un sobresalto a la vista de cuerdas y serpientes, pero probablemente también se pierden las emociones que provoca una película de terror.

La hipótesis del pastel de nata

Ha llegado el momento de presentar a quienes sostienen que la pregunta «¿por qué le gusta la música al ser humano?» lleva indefectiblemente a una respuesta equivocada. Según este grupo, la pregunta estaría mal planteada o sería capciosa, y ese «por qué» solo tendría sentido si se entiende como «cuál es la causa» y no como un «cuál es la finalidad».

Entre estas voces, la más prestigiosa es la del psicólogo estadounidense Steven Pinker, que en su *Cómo funciona la mente* dedica todo un capítulo a las artes y a todas las actividades no inmediatamente necesarias para nuestra supervivencia que no obstante parecen ser las predilectas de los seres humanos, a las que dedicamos más tiempo. Las artes figurativas, la literatura, la filosofía, la religión —sostiene Pinker— son ocupaciones aparentemente inútiles desde el punto de vista de la biología: no sirven para nada en absoluto. Pero son consideradas nobles o, más aún, «la mejor obra de la mente, la que hace que la vida sea digna de ser vivida».[34] No obstante, Pinker es muy escéptico con respecto a la posibilidad de que puedan tener una finalidad o que hayan sido seleccionadas por la evolución por tener algún valor adaptativo. Al referirse a la biología de nuestro cerebro, y concretamente los circuitos neuronales que hacen posibles las acciones necesarias para la supervivencia acompañándolas de sensaciones placenteras, el psicólogo estadounidense sostiene que la cuestión es mucho más simple de lo que parece: algunas zonas de la mente nos animan a buscar las actividades que mejoran nuestro éxito biológico, dándonos una sensación de placer.

> Otras partes aprovechan el conocimiento de los mecanismos causa-efecto para alcanzar determinados objetivos. Si combinamos ambas cosas, el resultado es una mente que se plantea un desafío biológicamente insensato: buscar el modo de acceder a los circuitos cerebrales del placer y suministrar pequeñas dosis de disfrute sin el inconveniente de tener que exprimir cada vez más el mundo que nos rodea.

En otras palabras, el ser humano ha encontrado el modo de estimular estos circuitos cerebrales para obtener placer de ellos aunque no haga nada que sea biológicamente útil. Por lo demás, así es también como funcionan las drogas, e incluso el chocolate. Así que la activación de los circuitos de la recompensa biológica en el caso de la música no sería otra cosa que una especie de masturbación: no sirve para nada, pero lo hacemos igualmente, engañando a nuestras neuronas sin demasiada sensación de culpa. Según Pinker, todas las artes tienen esta capacidad y precisamente provocan un disfrute porque estimulan los circuitos del placer.

> Si nos gusta el pastel de nata con fresas no es porque hayamos desarrollado ese gusto específico con la evolución, sino porque han evolucionado en nosotros unos circuitos que nos han proporcionado oleadas de placer provocadas por el sabor dulce de la fruta, por la sensación cremosa en la boca de las grasas vegetales y animales y por la frescura del agua. El pastel de nata comunica una sacudida sensorial que no tiene parangón en la naturaleza porque es una mezcla de megadosis de estímulos agradables elaborada con el objetivo explícito de accionar nuestros interruptores del placer.

Y en relación con la música en particular:

> ¿Qué beneficio puede aportar dedicar tiempo y energías a crear *pizzicatos*, o a sentirse triste cuando no ha muerto nadie? [...] En términos biológicos, la música es inútil. No muestra ningún indicio de haber sido proyectada para conseguir un objetivo, como el de vivir una larga vida, tener nietos o una precisa percepción y previsión de la realidad. A diferencia del lenguaje, de la visión, del razonamiento social o de las habilidades físicas, podría desaparecer de nuestra especie dejando sustancialmente inmutado nuestro modo de vida en los demás aspectos. [...] Mi hipótesis es que es un pastel de nata auditivo, una exquisita composición preparada expresamente para activar nuestras facultades mentales.

Al pedirle opinión sobre el resultado de los estudios de Robert Zatorre, Sandra Trehub y sus colegas, Pinker manifestó su acuerdo con la posibilidad de que las nanas —solo las nanas—

pudieran tener un valor adaptativo. Pero sobre las especulaciones de quien de ello infiere un papel adaptativo de la música en general, precisa:

> Si toda la música fuera la de las mamás que cantan a sus niños, aceptaría esta teoría, pero eso no es más que una mínima parte de la música que se produce. Y no explica por qué un chaval de diecisiete años puede escuchar heavy metal. [35]

La postura de Pinker no deslegitima los estudios hechos con neonatos, con primates no humanos y con las áreas cerebrales estimuladas por los sonidos, entre otras cosas porque la idea de que una actitud humana no tenga un objetivo preciso no resulta tan incómoda para la investigación. Los científicos siempre opinan que vale la pena investigar un fenómeno natural, aunque ese esfuerzo no dé una respuesta definitiva a los grandes porqués del ser humano ni aporte un beneficio inmediato en términos económicos o de aplicaciones tecnológicas. Por otra parte, la mayor parte de los científicos no considera muy plausible la hipótesis del pastel de nata: no está tan claro que la explicación evolutiva de un rasgo tenga necesariamente que resultar evidente.

Por ejemplo, el psicólogo Geoffrey Miller enumera siete excelentes motivos para considerar la música como el resultado de una adaptación: su universalidad, el hecho de que el desarrollo de las habilidades musicales siga un esquema ordenado, la difusión de estas habilidades entre todos los seres humanos (o la existencia de un mecanismo de percepción común), la existencia de una memoria especializada, la implicación de mecanismos corticales, la analogía con otras especies animales y la posibilidad de evocar fuertes emociones.

El musicólogo David Huron,[36] en cambio, señala que los mecanismos conocidos como NAPS (*Non-Adaptative Pleasure Seeking*, es decir, mecanismos no adaptativos que proporcionan placer, como la droga o el chocolate) tienen características particulares que los distinguen de la música. Casi todos los NAPS, dice Huron, tienden a hacer empeorar la salud y a reducir el tiempo de vida. Las drogas, el alcohol, una alimentación excesiva rica en azúcares y grasas provocan un declive progresivo del

151

estado de salud y de la sociabilidad y, por consiguiente, una menor predisposición a la reproducción. Así pues, los genes de quien es víctima de los NAPS se difundirán con menor eficiencia que los de quien sabe evitarlos y, admitiendo que estas actitudes tengan un intenso componente genético —añade el musicólogo—, la conducta NAPS tendería típicamente a extinguirse. Pero la música no causa nada de todo eso, sino al contrario. No es nociva para la salud ni hace empeorar la calidad ni la duración de la vida de quien la consume en grandes cantidades. Y existe hace muchísimo tiempo, sin haber mostrado indicios de correr riesgo alguno de extinguirse.

Capítulo 8

Es otro cantar

*E*ntre los estudios sobre emociones musicales, hay que citar los realizados sobre el autismo y el síndrome de Williams, dos afecciones generalmente asociadas al retraso mental, pero caracterizadas en un caso por la presencia de notables dotes musicales y en el otro por una insólita capacidad de disfrutar de la música. En particular, entre los autistas hay auténticos niños prodigio desde el punto de vista musical y es bastante frecuente el oído absoluto (la capacidad de distinguir una nota tocada sola, sin otra de referencia), aunque muchos otros detestan la música y no soportan que alguien toque un instrumento cerca de ellos. En cambio, los niños con síndrome de Williams no solo están más dotados que los demás, sino que se muestran encantados de oír música, cantar y bailar. Pero los niños autistas y los afectados por el síndrome de Williams son muy diferentes entre sí, sobre todo porque los primeros huyen del contacto social, son reservados, no comunican sus sentimientos y no saben interpretar los de los demás, mientras que los segundos son parlanchines, de lo más sociables y les encanta estar rodeados de gente. Por eso los estudios sobre estas dos afecciones son de gran interés para los que estudian las emociones musicales.

Una hipótesis es que los niños con síndrome de Williams son capaces de interpretar la música desde un punto de vista emotivo, y que hasta saben disfrutarla de un modo particular, precisamente por su gran emotividad. El gusto de la música por parte de los niños autistas, en cambio, podría tener razones más misteriosas, quizá relacionadas con la repetitividad de ciertos estímulos, pero no con su capacidad de emocionar. Los denominados *savants* musicales, los autistas prodigio de la música, serían capaces de tocar con una gran habilidad, pero de un modo mecánico. Como referencia, suelen citarse dos autistas célebres.

Temple Grandin, una joven autista «de alto funcionamiento» (es decir, sin retraso mental) que describió su condición en una famosa autobiografía, tenía dotes musicales superiores a la norma, pero decía que la música no le suscitaba ninguna emoción: como ella misma escribió, como mucho podía decir que era algo agradable, pero no entendía el entusiasmo de los demás.[1] Sus dotes técnicas para la música no iban acompañadas, pues, de unas dotes emotivas al mismo nivel.

Se sabe algo menos de las emociones que sentía Blind Tom, un autista que vivió en Estados Unidos en el siglo XIX y cuya historia recogieron numerosos cronistas de la época, entre ellos Mark Twain. Blind Tom era un esclavo negro que de pequeño fue vendido junto a su madre al coronel Bethune. Aunque prácticamente no podía hablar (se decía que de adulto tenía un vocabulario de un máximo de cien palabras), desde la edad de cuatro años mostró unas sorprendentes habilidades musicales, las cuales desarrolló únicamente observando a la hija del coronel cuando estudiaba piano. A los cuatro años tocaba Mozart de memoria, a los siete dio el primer concierto y en su adolescencia impresionó a todo el mundo tocando catorce páginas de una partitura que no había visto nunca y que solo había oído interpretar una vez. Blind Tom se hizo famoso: tocó incluso en la Casa Blanca y se lo llevaron por todo el mundo a dar conciertos. Pero su carrera se truncó a los cincuenta y tres años, cuando murió el coronel, su protector, que se había hecho rico llevándolo por toda América.[2]

Hay que decir, no obstante, que estudiar las emociones de los autistas es dificilísimo, y que no está claro que sean cualitativamente tan diferentes a las de los demás. Sin embargo, algunos autores[3] citan el conjunto de observaciones sobre niños autistas y niños con el síndrome de Williams como argumento que confirmaría el vínculo entre música y sociabilidad, porque demostraría que la capacidad de disfrutar de aquella puede ir acompañada de la capacidad de tener buenas relaciones sociales y de vivir en armonía con los demás. Y, probablemente, viceversa.

¿A qué sabe una nota desafinada?

A propósito del autismo y de la música diremos que, según algunos estudios, los autistas a menudo presentan un extraño fenómeno —que en realidad tampoco es tan raro en la población general— llamado sinestesia (del griego *syn*, «conjunto», y *aísthesis*, «sensación»). La sinestesia es la fusión de diversos sentidos, o la contaminación de un sentido con el otro, a la hora de percibir la realidad. Cuando es pura, se puede oír una música y ver un color o una forma geométrica, u oír una música y sentir un sabor; pero no siempre ocurre lo contrario. Para un sinestésico, cada sonido va asociado al mismo color o el mismo sabor durante toda la vida, y la certeza de esta asociación es absolutamente inquebrantable. No sirve de nada preguntarles por qué un determinado sonido es verde; la respuesta es obvia: para esa persona, ese sonido es efectivamente verde.

Actualmente sabemos que, en respuesta a un estímulo, el cerebro de las personas sinestésicas se activa de un modo característico.[4] Cuando un sinestésico oye una música, además de todas las zonas del cerebro que hemos indicado anteriormente se le encienden también las de la visión, las del gusto o las del olfato. Eso se explicaría por una falta de maduración de las conexiones nerviosas del cerebro. De pequeños, nuestras neuronas son muchísimas y forman conexiones entre sí a un ritmo frenético; después, hacia los dos o tres años de edad, en nuestro cerebro se registra una especie de «poda» que reduce el número de neuronas y selecciona las conexiones: probablemente es también en esta fase cuando se separan los diferentes sentidos, separación que en el caso de los sinestésicos, por algún motivo, no se produce de un modo completo.

No obstante, parece que la sinestesia no tiene más que ventajas. Se ha observado, por ejemplo, que el fenómeno va asociado con una particular creatividad, y que es ocho veces más frecuente entre los artistas que en la población en general. Según los sinestésicos, quien no conoce el color de las notas se pierde algo.

Entre los sinestésicos más célebres está George Gershwin, que llamó así a su *The Rapsody in Blue* porque para él aquella música era realmente azul; Alex van Halen, para quien el sonido de la caja de su batería era marrón; muy probablemente también lo eran Arnold Schönberg, Nikólai Rimski-Kórsakov y

155

Vasili Kandinski. Este último, el único pintor de los sinestésicos mencionados, sostenía que pintura y música eran expresiones perfectas, abstractas y esenciales, capaces de emocionar sin necesidad de intermediarios: el paralelismo entre ambas formas artísticas se reflejaba en una correspondencia neta entre colores y sonidos, por lo que el amarillo era una nota estridente y el azul oscuro una más grave. De hecho, titulaba sus cuadros *Improvisación* o *Composición*. En el campo de las letras, los sinestésicos más célebres fueron los poetas franceses Charles Baudelaire y Arthur Rimbaud, que escribieron dos famosas poesías sobre sus experiencias: Baudelaire, en «Correspondences» («Correspondencias»), explicaba que «Hay perfumes tan frescos como las carnes de los niños, dulces como el oboe, verdes como los prados».[5] Rimbaud, en «Voyelles» («Vocales»), asignaba a cada vocal un color: «A negro, E blanco, I rojo, U verde, O azul».[6]

Algo menos conocida es Elizabeth Sulston, pianista estudiada durante mucho tiempo por el neurólogo Lutz Jäncke, de la Universidad de Zúrich: para ella, un intervalo de tercera menor es salado, mientras que uno de sexta menor sabe a crema. Al científico suizo le despertó la curiosidad el que Elizabeth sostuviera que la sinestesia ayuda a tocar. Para comprenderlo, la puso a prueba haciéndole probar diferentes sabores mientras escuchaba distintos intervalos: en algunos casos, sabor e intervalo coincidían con los que había indicado Elizabeth; en otros no. Cuando coincidían, Elizabeth era capaz de reconocer los intervalos muy rápidamente; en los que el sabor había sido elegido aposta para engañarla, en cambio, su ejecución era muy lenta, más lenta que la de otros músicos. Por supuesto, cuando da un concierto, Elizabeth no se come una cucharada de crema a cada sexta menor, pero cuando escucha música, sus sensaciones (y probablemente también sus emociones) son más intensas que las de los demás. Tal como declaró ella misma a *Nature*:

> Imagino que quien no tenga sinestesia no puede percibir las intensas sensaciones que siento yo cuando escucho música. La música es más rica. Es difícil decir si me habría hecho música de no haber sido sinestésica.[7]

Luego está la sinestesia sonidos-olores. Gracias a la del mayor perfumista de la historia, Septimus Piesse, aún hoy hablamos de la «nota de fondo» de un perfume. En 1855 Piesse escribió un libro, *L'art oublié du parfum (El arte olvidado de la perfumería)*, que se convirtió en texto de referencia para los perfumistas de todo el mundo. Para Piesse existía una octava de perfumes, igual que existe una octava musical: por ejemplo, el *sol* central del pentagrama era el aroma a flores de azahar, el *la* era el heno fresco, el *si* la artemisia campestre y el *do* el alcanfor. De forma análoga a lo que sucede en la composición de una música, la combinación entre olores podía crear consonancias embriagadoras o desagradables disonancias, es decir, hedores terribles.[8]

Sobre la base de su teoría de los perfumes, Piesse construyó un fantasioso instrumento musical capaz de combinar sonidos y olores. A diferencia de su artilugio, los instrumentos capaces de combinar música y color habían tenido un cierto éxito en el transcurso de la historia. El primero fue proyectado por Louis-Bertrand Castel a mediados del siglo XVIII y se llamó *clavecin oculaire*, clavicémbalo ocular; la intención de Castel era que hiciera visible la música, para permitir que los sordos disfrutaran de los sonidos y los ciegos de los colores.

En el siglo XIX se construyeron y se patentaron diversos instrumentos similares, con cuyas teclas se accionaban luces de diferentes colores que se combinaban entre sí como acordes musicales.

Después, a principios del siglo XX, gracias a los adelantos tecnológicos, floreció la discusión teórica sobre la posibilidad de combinar sonidos e imágenes para convertir la pintura en un arte efímero como la música. El compositor moscovita Aleksandr Skriabin, en la línea de Richard Wagner, teorizaba sobre la fusión de todas las artes y compuso toda una ópera, el *Prometeo*, en la que algunos puntos de la partitura indicaban efectos de luces. En Italia el futurismo fue el movimiento encargado de estudiar la fusión entre sonido y color, y hubo quien construyó instrumentos silenciosos que emitían luces de colores en lugar de las notas, con lo que la música quedaba sustituida por completo por estímulos visuales. Pero los resultados fueron bastante decepcionantes.

La música va por dentro

Además de la sinestesia, hay al menos otro caso en el que la música entra en el cerebro sin pasar por los oídos. Son las alucinaciones musicales, en las que se oyen coros, bandas y orquestas enteras inexistentes. Como todas las alucinaciones, se trata de percepciones falaces que, no obstante, el sujeto considera absolutamente reales —a diferencia de las cosas imaginadas, que pueden interrumpirse a voluntad—, hasta el punto de que, las primeras veces, quien las oye tiende a buscar una radio encendida o una fiesta popular en las inmediaciones. Pero las alucinaciones musicales son muy raras, incluso en los trastornos psiquiátricos caracterizados por alucinaciones auditivas.

A veces pueden presentarse en personas con determinadas enfermedades cerebrales, o en las que con el tiempo se han vuelto algo duras de oído. Por ejemplo, le sucedió al señor Reginald King, jubilado galés de ochenta y tres años, cuya historia contó el *New York Times*.[9] King estaba ingresado en el hospital para someterse a una operación cardíaca cuando de pronto empezó a oír música de todo tipo, desde pop a villancicos, melodías que no oía nadie más a su alrededor. Su cerebro se había convertido en una especie de iPod de serie B, en el que no podía elegir el orden de las canciones. Así que King oía de forma cíclica toda la música que había escuchado en el transcurso de su vida, pero no siempre le resultaba muy agradable.

Este fenómeno no se ha estudiado hasta hace poco, y no hay muchos estudios al respecto, pero cuenta la leyenda que varios compositores del pasado, a una cierta edad, empezaron a presentar el mismo problema que el señor King. El primero de todos, obviamente, fue Ludwig van Beethoven; pero se dice también de Robert Schumann —que afirmaba que escribía al dictado del fantasma de Schubert—[10] y de Brian Wilson, de los Beach Boys.

Victor Aziz, del hospital Whitchurch de Cardiff, y su colega Nick Warner describieron treinta casos de alucinaciones musicales observadas en quince años, la serie más amplia publicada hasta el momento. La mayoría eran mujeres, la edad media era de sesenta y ocho años, muchos de los individuos eran sordos o tenían problemas de oído, y en dos tercios de los casos se trataba del único trastorno mental que presentaban estos individuos. Pero una cosa que sorprendió a los autores fue observar que una persona de cada tres manifestaba haber oído durante sus alucinaciones himnos religiosos, especialmente cantados por coros, y entre ellos había uno que se repetía mucho: *Abide with Me*, muy popular en Reino Unido. La interpretación de los dos científicos es que, cuando el cerebro se convierte en una *jukebox*, se tiende a oír con mayor frecuencia música con un alto contenido emocional, y sobre todo si se ha oído repetidas veces durante la vida.[11]

Pero ¿por qué aparecen las alucinaciones? Para entenderlo, se puede recurrir a la fisiopatología por imágenes, y en particular a las investigaciones mediante TEP, que permiten reconocer las áreas cerebrales activas en un momento determinado. Es lo que hizo Tom Griffith, de la Universidad de Newcastle upon Tyne, en Inglaterra. Observando el cerebro de seis pacientes precisamente durante sus alucinaciones, Griffith vio que se activaban las mismas zonas que en cualquier cerebro que escuchara música, con una única excepción: el córtex auditivo primario. Durante las alucinaciones los sujetos no recibían ningún estímulo acústico real, pero activaban todas las otras zonas que reciben la señal en segundo término, atribuyéndoles a los sonidos simples todas las características complejas que los convierten en música. Tal como hemos visto al final del Capítulo 2, sucede algo parecido cuando la música nos la imaginamos solamente, pero en ese caso somos conscientes de la inexistencia del estímulo sonoro.

En el caso de las alucinaciones musicales, la idea es que el cerebro se comporta así porque se generan impulsos caóticos que primero se interpretan como sonidos y que luego se reenvían a las zonas encargadas de la memoria musical, las cuales a su vez las atribuyen a una melodía familiar. Eso explicaría también por qué el fenómeno se produce preferentemente en personas con un oído débil, en el que ninguna alteración sonora real puede disimular la alucinación. Probablemente, tal como sostiene el doctor Griffith, todos los cerebros pueden transformar ocasionalmente impulsos casuales en un villancico pero, salvo en caso de trastornos mentales o enfermedades particulares, nuestro oído es capaz de cubrir ese canto inexistente con sonidos más prosaicos procedentes del ambiente en el que nos movemos.

159

Cuando, además, nos encontramos alejados de estímulos sonoros porque nos quedamos sordos o porque nos aislamos del resto del mundo, puede suceder que el villancico empiece a dejarse oír en toda su dimensión y no necesariamente de forma desagradable. En ocasiones, para curar este extraño trastorno puede bastar con encender una radio, quizá poniéndola a todo volumen.

Otro tipo de trastorno neurológico relacionado con la música es la epilepsia musicógena, en la que la música —a veces determinados tipos de música— puede desencadenar crisis epilépticas. La observación de este fenómeno (a decir verdad realmente raro) y de las alucinaciones musicales a menudo es presentada como prueba por quienes apoyan la idea de que exista un circuito neuronal exclusivamente para la música.

El tango del Che
Hasta aquí hemos dado por descontado que las emociones musicales son algo conocido para todos los seres humanos no autistas, incluida I. R. Pero ha llegado el momento de revelar que en realidad no es así. El 5 por ciento de las personas son amúsicas de nacimiento, es decir, son incapaces de sentir la música como algo diferente a una serie de sonidos yuxtapuestos. La amusia es una condición que no tiene ningún efecto llamativo, porque la música no es indispensable en nuestra vida: en cierto sentido es comparable a la dislexia, un trastorno de la lectura: ambas afecciones se dan en personas perfectamente normales, que hablan y muestran una inteligencia como cualquier otra. No obstante, mientras que los disléxicos tienen evidentes problemas en la escuela y se distinguen desde niños, los amúsicos nunca reciben un diagnóstico, porque lo suyo es una desviación de la norma que no comporta ningún problema de adaptación escolar ni extraescolar. En la mayor parte de los casos, nadie se da cuenta, ni siquiera el propio amúsico.

El que sí se dio cuenta fue Ernesto *Che* Guevara, gran orador y pensador, persona con una inteligencia y un carisma fuera de lo común pero completamente sordo para la música. El escritor Paco Ignacio Taibo II cuenta que el Che, una vez, para impresionar a una chica en una fiesta, le pidió a su amigo Alberto que le avisara cuando la orquesta tocara un tango. Solo que el amigo se confundió y le hizo un gesto al arrancar una samba, de modo que el Che se puso a zarandear a la chica siguiendo los pasos del tango, en un baile absurdo que lo dejó un poco en ridículo.[12] La leyenda no dice si ella se echó a reír o si lo siguió educadamente, pero Taibo II cuenta que a Alberto le cogió tal ataque de risa que no pudo siquiera pedirle disculpas a su amigo.

Hoy en día el estudio de la amusia es considerado uno de los instrumentos más eficaces para la comprensión del cerebro musical. Y es uno de los caballos de batalla de Isabelle Peretz que, a partir de estudios como estos, formuló la hipótesis de que música y lenguaje son dos facultades claramente diferenciadas. Los amúsicos no son simplemente gente sin oído musical: es que no reconocen en absoluto la música, no la entienden y, en algunos casos, ni siquiera le dan valor. Un amúsico, por ejemplo, no sabría distinguir el himno nacional de Italia del *Va pensiero* de *Nabucco* en sus versiones instrumentales (o si no sabe italiano). Y tampoco sabría cantarlos. Pero sería capaz de reconocer la prosodia del lenguaje, salvo, quizá, pequeñas variaciones de entonación. De ahí la idea de que, quien nace amúsico, tiene un defecto muy preciso que tiene que ver exclusivamente con la música.

Como hemos visto ya en capítulos anteriores, no todo el mundo comparte la teoría de la separación entre música y lenguaje. Pero de ser cierta supondría un duro golpe a la hipótesis del pastel de nata de Pinker. Eso querría decir que la evolución ha seleccionado un sistema neuronal exclusivamente para la música, por lo que esta no hace uso de otros circuitos neuronales más útiles, como un parásito del cerebro: en consecuencia, sería difícil seguir sosteniendo que la música no sirve ni ha servido nunca para nada. O quizá no, quizá la idea de Pinker no cambiaría. La evolución no tiene como objetivo la eficiencia y la perfección, así que podría haber sucedido que, en la selección de otros circuitos realmente útiles, haya surgido uno algo más lúdico, inútil por sí mismo para la supervivencia y nacido por casualidad: un producto colateral, una especie de «resto de fábrica». Esa es la idea de Pinker. Para todos los demás, simplemente queda mucho por estudiar.

La amusia congénita —es decir, la presente desde el naci-

161

miento y no provocada por accidentes o enfermedades— fue descrita por primera vez en 1752 por el músico francés Jean-Philippe Rameau, que publicó un artículo en el que explicaba las dificultades que había tenido para enseñar a cantar a un chico de veinticinco años totalmente incapaz de reconocer el unísono y la octava, e incluso de decir si un sonido era más agudo o más grave que otro.[13]

En 1878, el escritor canadiense Grant Allen, uno de los primeros periodistas científicos de la historia, explicó con todo detalle la historia de un hombre de treinta años, culto y sano, que no sabía distinguir dos sonidos de tono diferente, reconocer melodías familiares, reproducir con la voz una nota cualquiera y, además, parecía del todo indiferente a la música. De pequeño, no obstante, había recibido cierta educación musical, aunque de modo claramente infructuoso. Así pues —planteaba Allen—, debía de tratarse de un defecto específico, no atribuible a una falta de exposición a la música durante la infancia.[14]

Algo más de un siglo después, el gran psiquiatra estadounidense Norman Geschwind publicó un caso similar referente a un hombre capaz de hablar con fluidez tres idiomas extranjeros pero incapaz de sentir la música, hasta el punto que, de pequeño, su maestro de piano, tras unas cuantas clases en las que no había conseguido que mejorara, había abandonado.

La primera investigación cuantitativa importante sobre la amusia se remonta a 1948, cuando el lingüista inglés Dennis Butler Fry estudió a un grupo de 1.200 personas y llegó a la conclusión de que los amúsicos suman el 5 por ciento de la población.[15] El dato se confirmó en un estudio de 1980 firmado por el propio Fry y por el genetista checo Hans Kalmus, en el que el resultado era solo ligeramente inferior.[16] Estos datos, no obstante, podrían sufrir errores de valoración, al ser realmente difícil establecer con un test la presencia de una amusia real; por otra parte, en general los que no tienen apego a la música tienden a exagerar su incapacidad para lo musical.

El perfil de la amusia es hoy objeto de estudio por el grupo de Peretz, que incluso ha desarrollado una batería específica de tests para efectuar el diagnóstico completo.[17] Para un estudio publicado en 2002, Peretz y sus colegas reclutaron a un centenar de probables amúsicos a través de anuncios en los periódicos, en la televisión, en la radio y en las universidades. Después, tras un meticuloso proceso, seleccionaron a once sujetos verdaderamente amúsicos y no simplemente sin oído, todos ellos con una serie de características comunes: eran instruidos (para excluir la presencia de defectos del aprendizaje o retrasos mentales); habían recibido clases de música desde pequeños, en todos los casos sin éxito; no presentaban problemas de tipo neurológico o psiquiátrico ni trastornos de oído. De esos once, ocho no sabían bailar, siete no valoraban la música y dos la encontraban incluso desagradable, hasta el punto de que la evitaban en su vida normal. Todos sostenían que aquel problema con la música lo habían tenido desde siempre, y seis de ellos manifestaron que al menos uno de sus progenitores y algún hermano tenían poca inclinación hacia la música, lo que podría hacer pensar en un origen genético del trastorno, al menos en parte (aunque tampoco excluye la posibilidad de que se trate de un tema cultural, porque la educación con unos padres sin oído no facilita desde luego el desarrollo de un pequeño músico).

El defecto principal de estas personas, en el estudio de Peretz y otros similares,[18] resultó ser la incapacidad de reconocer si una breve melodía contenía alguna nota desafinada, y por tanto la incapacidad de reconocer como desagradable lo que otros definirían como una disonancia. Pero los amúsicos pueden distinguir una música triste de una alegre, al menos casi siempre, y pueden determinar si una frase es afirmativa o interrogativa, quizá también porque en este caso no se trata de intervalos del orden de semitonos (como los de una nota desafinada), sino de intervalos más amplios.

En cuanto a su capacidad de producir música, los amúsicos demostraron una escasa memoria y grandes dificultades también a la hora de cantar las canciones más comunes. Además, la mayoría tenía dificultades para seguir el ritmo de tres piezas de prueba. Sin embargo, si tenían que seguir el ritmo de un estímulo sonoro no musical, como el tictac de un reloj, sabían hacerlo perfectamente.[19]

Por lo que respecta al origen del problema, la investigación está aún lejos de obtener resultados. Desde siempre, psicólogos y neurólogos se han dividido en dos facciones: los que consideran que existe un punto preciso del cerebro implicado en el ori-

163

gen del fenómeno y los que creen que el problema es demasiado complejo como para poder localizarlo. Actualmente los primeros están en situación de ventaja sobre los segundos, y la idea más extendida es que el defecto se sitúa en la corteza auditiva primaria.[20] Los primeros intentos de localizarlo se remontan a la década de 1920 y fueron obra de Salomon Eberhard Henschen, neurólogo sueco, y Karl Kleist, psicólogo alemán. Los últimos se publicaron en septiembre de 2006 en la revista *Brain* y mostrarían una estrecha relación entre la presencia de amusia y la cantidad de materia blanca en un punto preciso del cerebro. [21]

Lo que sabemos de la amusia se acaba más o menos aquí. Pero al ser uno de los bancos de prueba de la teoría que atribuye a la música un sistema propio en el cerebro y, sobre todo, al ser una excepción al axioma que dicta que a todos los seres humanos les gusta la música, las investigaciones siguen adelante.

Capítulo 9

El poder de la música

$\mathcal{M}$ucho antes de que la ciencia empezara a indagar en nuestro amor por la música —y, de momento, con mucho más éxito con respecto a dicha empresa— la música empezó a emplearse como medio terapéutico, recurriendo precisamente a características que actualmente protagonizan el debate sobre su función evolutiva. Su capacidad de relajar, de acercar a las personas y de estimular la comunicación siempre ha hecho de la música un potente instrumento para la búsqueda del bienestar, en condiciones de normalidad, de enfermedad o de malestar.

No obstante hay que ser prudentes a la hora de hablar de los efectos beneficiosos de la música: no es tan evidente que, dado que la música nos hace sentir bien, pueda también cambiarnos, haciéndonos más guapos o más inteligentes. Tampoco está tan claro que se pueda usar siempre, en situaciones difíciles, con un objetivo preciso, recurriendo a sus virtudes para resolver un problema determinado. En este campo —más aún que en el de la búsqueda de las raíces de la musicalidad humana, de las que hemos hablado en los capítulos anteriores— existen muchísimas experiencias y numerosas voces diversas. Se trata casi siempre de propuestas sensatas e interesantes que, sin embargo, hay que diferenciar de ciertas exageraciones sin ningún rigor científico.

Las experiencias válidas van entrando poco a poco a formar parte de la rutina, gracias a los contactos —cada vez más frecuentes y fructíferos— entre quienes dispensan tratamientos con fármacos y quienes lo hacen con la música. Aquí explicaremos alguna. Pero para empezar cambiaremos nuestro punto de vista, repasando una serie de casos en los que, según parece, ciertas patologías clínicas han convertido a quien las sufría en un prodigio de la música.

Cuando la enfermedad es buena para la música

Leyendo la historia de los músicos se descubre que muchos de ellos, a menudo los más creativos e innovadores, tenían algún trastorno mental. En la mayoría de los casos, precisamente a causa de la enfermedad, estos músicos no tuvieron una vida feliz.

Por ejemplo, al padre del jazz, Charles *Buddy* Bolden, le diagnosticaron lo que en aquel tiempo se llamaba «demencia precoz» y que corresponde a la actual esquizofrenia. Según el psiquiatra Sean Spence, de la Universidad de Sheffield, las alucinaciones serían precisamente lo que inspiró a Bolden, que improvisaba porque no sabía leer las partituras musicales.[1] Y serían también las alucinaciones las que le habrían permitido explorar nuevas vías musicales e inventar un nuevo género: «De no ser por sus improvisaciones –declaró Spence a la BBC–, aún seguiríamos con el ragtime». De Bolden no existen grabaciones, pero entre 1900 y 1906 su banda fue famosísima en Estados Unidos. En 1906 empezó a mostrar síntomas de su enfermedad y el año siguiente fue internado en un hospital psiquiátrico en Nueva Orleans, donde murió veinticuatro años más tarde.

Otro esquizofrénico a quien debe mucho la música es Syd Barrett, el cerebro creativo de los primeros Pink Floyd, desaparecido recientemente. Desgraciadamente, la carrera de Barrett en el grupo también acabó pronto, debido al abuso de estupefacientes.

Las noticias de los músicos del pasado son, obviamente, mucho más inciertas y anecdóticas. Parece ser que Ludwig van Beethoven tenía lo que hoy llamamos un trastorno bipolar, alteración del humor caracterizada por la alternancia de fases de depresión y de euforia.[2] Podrían haber sufrido la misma enfermedad Gaetano Donizetti[3] y Robert Schumann.[4] En realidad, en el caso de Schumann las hipótesis de diagnóstico son varias: parece ser que a los veintitrés años tuvo un episodio depresivo que le volvió muy inseguro y reservado. Poco antes había perdido el uso de un dedo, según algunos a causa de una descerebrada intervención quirúrgica que se había practicado él mismo con el fin de separar los dedos medio y anular y mejorar su técnica al piano. Aquello hizo que tuviera que abandonar la interpretación y dedicarse únicamente a la composición. Los trastornos de Schumann empeoraron con los años y aparecieron también alucinaciones auditivas y un insólito misticismo. En ocasiones, eran coros de ángeles que le impulsaban a escribir, otras veces eran voces de diablos que lo amenazaban; o colegas músicos que le corregían sus obras, o una sola nota que sonaba obsesivamente en su cabeza. Después empezó a sufrir crisis repentinas de angustia, hasta el intento de suicidio en aguas del Rin. Algunas voces plantearon la hipótesis de que la enfermedad de Schumann derivara de una sífilis, o de las medicinas a base de mercurio que se usaban para combatir esta enfermedad, pero la descripción de su conducta también podría hacer pensar en una forma de esquizofrenia.

Música de manicomio

Es curioso pensar que una de las primeras teorías con respecto a los efectos beneficiosos de la música sobre los enfermos haga referencia precisamente a las enfermedades mentales: pocos años después del intento de suicidio de Schumann, en Italia se realizaban las primeras experiencias de musicoterapia en un manicomio, concretamente en el sanatorio femenino de San Clemente, en la laguna de Venecia, fundado en 1873 junto al de San Servolo, más antiguo y famoso. Cesare Vigna, su primer director, era amigo de Giuseppe Verdi e hizo construir en el centro una sala para que las pacientes pudieran escuchar música. Pero algunos documentos de la época dan a entender que, antes de la llegada de Vigna, su maestro, el sacerdote Prosdocimo Salerio, ya había instalado un espacio similar en el manicomio de San Servolo y que había fomentado incluso la interpretación musical por parte de los enfermos.

Vigna describió en sus escritos «la influencia moral y fisiológica de la música sobre el sistema nervioso», la cual, por su experiencia, podía «aplicarse en el tratamiento de la psicopatía».[5] Según Vigna, pues, la música podía contribuir a la reeducación moral del enfermo psiquiátrico, considerada fundamental en la

Europa del siglo XIX para la curación de los trastornos mentales. La reeducación moral del enfermo psiquiátrico, que debía realizarse en régimen de aislamiento del resto de la sociedad, era también la base ideológica de los manicomios. Así pues, para Vigna, el uso de la música y la «necesidad de un régimen dulce y humano»[6] en el trato de los enfermos no excluía el uso de medios de contención como la camisa de fuerza.

Un siglo más tarde la música hizo su aparición en el manicomio de Maggiano, en la provincia de Lucca (Toscana), famoso por haber sido dirigido durante muchos años por el médico y escritor Mario Tobino. Pero los tiempos habían cambiado, los manicomios estaban desapareciendo y la música tenía una función muy diferente a la de herramienta para la rehabilitación moral. Es más, en Maggiano servía principalmente como entretenimiento para los pacientes y el personal, y sobre todo para demostrar a la gente que los enfermos ingresados en el manicomio no eran tan peligrosos ni tan diferentes del resto de la ciudadanía. Con este fin se organizaron durante cinco años festivales de música ligera en los que los enfermos cantaban junto con sus cuidadores para un público de «gente normal». Y así, en otros manicomios que estaban a punto de cerrar, como el de Trieste y el de Milán, se organizaron conciertos y espectáculos abiertos a pacientes, médicos y ciudadanos, para romper las barreras que separaban a los locos de los normales.[7] Para afirmar, a través del poder de la música, el derecho de todos a ser felices.

La terapia

La musicoterapia tiene raíces antiquísimas. Antes incluso de que alguien le diera este nombre ya había quien utilizaba conscientemente la música para aliviar el dolor o el sufrimiento psicológico. En la Biblia, por ejemplo, se cuenta que, cuando el rey Saúl se veía turbado por un espíritu maligno, «David cogía el arpa y se ponía a tocar; Saúl se calmaba, se recuperaba y el espíritu maligno se alejaba».[8] Del mismo modo, en todas las sociedades del mundo antiguo, entre los griegos, los chinos, los indios, las poblaciones africanas y las andinas, la música se empleaba para sentirse bien y curar a los que sufrían. Por ejemplo, en la Grecia antigua el dios de la medicina, Asclepio, usaba a menudo la música para curar a los enfermos, mientras que Platón y

Aristóteles teorizaban sobre el empleo de danzas y sonidos para los que sufrían trastornos sociales o psicológicos. Por su parte, en China, Confucio sostenía que «el disfrute de la música crea la armonía interior».[9] Es fácil suponer que, tal como demuestran las nanas y las canciones para niños enfermos descritas por Sandra Trehub en sus viajes por todo el planeta, la idea de usar la música para calmar a un niño que llora será igual de antigua, aunque no haya necesitado de una base teórica o filosófica para defenderse.

Hoy en día, musicoterapia significa sobre todo usar el sonido, la música y el movimiento para mejorar la comunicación con el exterior o para obtener algún beneficio terapéutico particular en determinadas categorías de sujetos, como ancianos o niños con discapacidades. La musicoterapia moderna nació oficialmente entre la Primera y la Segunda Guerras Mundiales en Estados Unidos, donde en 1944 se creó la primera licenciatura en Terapia de la Música, en la Universidad Estatal de Michigan. Desde la década de 1970 se emplea también en Italia con unos planteamientos y unos principios de base cada vez más precisos y estandarizados aunque, a diferencia de lo que sucede en otros lugares, aún no existe el título oficial de musicoterapeuta. Actualmente los profesionales que la practican se forman en escuelas que prevén de media tres años de estudios, prácticas incluidas. Y los centros en los que se practica son tanto públicos como privados.

El modelo de referencia para muchos centros de musicoterapia es el propuesto por el neurólogo y psicoterapeuta argentino Rolando Benezon, basado no tanto en la producción musical por parte del paciente como en la relación entre paciente y terapeuta, potenciada con la presencia de sonidos o instrumentos musicales. La idea de fondo es que cada uno de nosotros tiene una identidad sonora propia, compuesta por todos los sonidos y ritmos que nos acompañan durante la vida, desde el momento de la concepción al presente. La identidad sonora es, pues, algo dinámico, único y en continua expansión. La interacción con el musicoterapeuta tiene la finalidad de recomponer esta identidad y el instrumento musical, el sonido, la voz y el movimiento son los intermediarios de la interacción.

En Italia la musicoterapia se usa sobre todo con niños au-

tistas o con problemas de comunicación, discapacidades senso-
riales o retraso mental. Pero se emplea también en adultos con
la enfermedad de Alzheimer u otros tipos de demencia, y en
enfermedades neurodegenerativas como el Parkinson. En Europa existen varias experiencias sobre el *tinnitus* (los molestos
pitidos en los oídos), sobre la epilepsia, sobre la cefalea crónica
en adultos y niños y sobre la rehabilitación lingüística. Por último, existen musicoterapias algo diversas, aplicadas a la rehabilitación motora de los enfermos de esclerosis múltiple y de los
pacientes que han sufrido un ictus cerebral y han quedado parcialmente paralizados: en ambos casos, los pacientes, siguiendo
el ritmo de la música, pueden llegar a caminar mejor.

No se trata solo de pruebas empíricas. Cada vez son más frecuentes los estudios rigurosos sobre los efectos de estas terapias, sobre todo en Alemania. [10] El objetivo es recoger resultados
cuantitativos aceptables también para los médicos que, como
científicos, consultan los números antes de decidir qué terapia
aplicar con sus pacientes.

De este modo, los musicoterapeutas están empezando a
aplicar un método científico para efectuar una valoración de su
enfoque y proponérselo a la comunidad médica. Y a su vez hay
algunos médicos que empiezan a considerar la aplicación de la
música en la rehabilitación neurológica, basándose en el fenómeno de la plasticidad neuronal, es decir, la capacidad de la música de modificar la anatomía y la funcionalidad de nuestro cerebro. Tal como observó el neurólogo Eckart Altenmüller, de la
Universidad de Hannover, se ha demostrado que el ejercicio de
la música puede estimular la capacidad de adaptación de nuestro sistema nervioso central, por ejemplo al promover el desarrollo de las zonas del cerebro dedicadas al movimiento de los
dedos usados para tocar un instrumento. Por eso cabe pensar
que pueda también mejorar la función nerviosa en caso de que
una enfermedad la haya limitado. [11]

Así pues, puede que en los próximos años a la musicoterapia
le suceda lo que le sucedió tiempo atrás a la fisioterapia: podría
ir ganando aceptación por parte de la medicina oficial, hasta si-
tuarse de pleno derecho entre las terapias enseñadas y practica-
das en las facultades de medicina y en los hospitales. No debe
sorprendernos que en ciertos sectores de la medicina se empie-

ce ya a considerar del todo normal combinar tratamientos médicos convencionales con terapias musicales.

Canciones en el pasillo

Actualmente, si se escucha con atención, en bastantes pasillos de hospital y en muchos quirófanos puede oírse una música de fondo. Puede tratarse de música clásica en el hilo musical de los pasillos de los hospitales más modernos, pero a veces también de sencillos transistores con los que se sintonizan emisoras de música ligera apoyados en algún estante. Los que lo disfrutan son todos, incluidos los médicos: se mueven en un ambiente más relajado, y en los quirófanos operan canturreando mientras sus pacientes duermen. En los hospitales pediátricos, a los niños enfermos la música les sirve sobre todo para liberar tensión en el momento de las extracciones de sangre o durante los exámenes más desagradables, pero a veces se oye ya en las salas de espera, donde distrae desde el primer momento a los pequeños pacientes y les ayuda a superar la entrada en un ambiente poco tranquilizador para ellos.

171

En estos casos el principio es muy empírico: la música es agradable, así que, ¿por qué no usarla en los lugares donde se lidia con el sufrimiento y el dolor? Por empírica que sea, no se trata de una idea peregrina. Muchos estudios han intentado dilucidar si existe realmente un vínculo entre la audición de música y la percepción del dolor que explique en términos científicos si es cierto que se sufre menos si en el aire flota una melodía relajante, y sobre todo por qué. Los resultados, sin embargo, no son unívocos. Casi todo el mundo está de acuerdo en que escuchar música puede reducir efectivamente la sensación de dolor, pero sobre las razones no siempre se ponen de acuerdo.

Algunos estudios, por ejemplo, demostrarían que se debe a la secreción de opioides endógenos,[12] sustancias parecidas a la morfina producidas de forma natural por nuestro organismo. Según estos investigadores, la música relajante —de ritmo lento y a bajo volumen— tendría un poder analgésico universal, independientemente de los gustos de quien la escuche.

Para otros, en cambio, la música funciona simplemente como cualquier otra cosa capaz de distraer la atención del dolor, como podría ser una película de dibujos animados o una charla.

Así que si, además, el paciente la encuentra agradable y a la distracción se le suma la emoción, puede concentrarse más en ella y sentir menos dolor.

Un estudio sueco realizado con mujeres sometidas a una histerectomía (la extirpación del útero) demostró que las que durante la intervención habían oído una música relajante y quizá también alguna palabra de ánimo, tras la anestesia mostraban menos necesidad de analgésicos y sedantes.[13]

En cambio, un estudio efectuado en Canadá[14] muy parecido al anterior sueco llegó a la conclusión contraria: si la música se aplica a pacientes dormidas, el efecto es prácticamente nulo. El resultado no se basa en una valoración directa, como la cantidad de analgésicos suministrados tras la intervención, sino en la medición directa de algunos parámetros fisiológicos, como los niveles de las hormonas producidas por el organismo en momentos de estrés. La explicación de los científicos canadienses sería simple: si la paciente duerme, haya o no música, a ella le da lo mismo.

En resumen, para los suecos la música tiene un efecto analgésico directo, es decir, funciona independientemente de su capacidad de dar placer: los gustos personales no tienen nada que ver y a todos los pacientes, tanto despiertos como dormidos, se les puede administrar la misma música con una precisa posología, siempre que sea una música objetivamente relajante. Para los otros, hay que especificar algo más.

¿Qué es una «música objetivamente relajante»? ¿Y existe realmente una música relajante aplicable a todo tipo de pacientes, a todos los quirófanos y en cualquier momento? No, responde entre otros el psicólogo Mathieu Roy, de la Universidad de Montreal. No existe una música buena para todos los oídos, capaz de transmitir la misma calma y distensión a todo el mundo, como sostienen sus colegas suecos. El efecto analgésico depende de los gustos personales y de las emociones que es capaz de vehicular la música. Así pues, si una de las señoras que pasaron por el bisturí del ginecólogo en Suecia hubiera tenido debilidad por la música de Abba, las notas de *Waterloo* o *Fernando* habrían facilitado el trabajo del anestesista, pero probablemente no habría ocurrido lo mismo con un adagio de Händel o con una pieza *new age* basada en el sonido de las olas del mar.

En su estudio del efecto analgésico de la música, [15] Roy llevó a cabo un experimento curioso y un poco sádico. Sometió a un grupo de ochenta voluntarios a un estímulo doloroso en el antebrazo, apoyando sobre la piel de los sujetos un objeto que se calentaba poco a poco en un intervalo de temperatura preciso, como una plancha para alisar el cabello. Y lo hizo tres veces consecutivas: la primera vez los voluntarios oían durante la prueba una música alegre —el *Can can* de Pierre Porte o la obertura de *Guillermo Tell*, de Gioacchino Rossini—, luego una música desagradable —un álbum electroacústico de Paul Dolden, *Threshold of Deafening Silence*, que en un test preliminar con los mismos voluntarios había sido juzgado más desagradable aún que la música metal— y por último apagaba el equipo de música y repetía la prueba en silencio. Roy observó que, cuando los voluntarios escuchaban la música definida por ellos mismos como agradable no habían sufrido mucho: la sensación dolorosa era, exactamente, un 15 por ciento inferior a la sufrida con la música moderna o sin música, lo que demuestra que una melodía alegre puede funcionar mejor que una aspirina. Dado que también la música desagradable puede distraer, el efecto beneficioso no puede atribuirse únicamente a la distracción, sino que tiene que estar relacionado por fuerza con lo agradable de una música alegre como el *Can can* y con las emociones que suscita.

La lista de los estudios experimentales sobre los efectos analgésicos de la música aún es larga, pero no reserva muchas sorpresas. En la misma longitud de onda que Roy se encuentra Laura Mitchell, psicóloga de Glasgow, que en lugar de la plancha para el pelo usó un pequeño recipiente de agua helada.[16] Los voluntarios que oían una canción que fuera de su gusto conseguían mantener las manos en remojo hasta cinco veces más que los sujetos a los que se distraía con chistes o a los que se les hacía concentrarse en un ejercicio matemático.

Después están los estudios relacionados en hospitales o ambulatorios, algo menos precisos desde el punto de vista metodológico, en los que el dolor no era provocado expresamente a voluntarios sanos, sino que era el producido de forma natural por una intervención de hernia de disco.[17] Y hay incluso un estudio tailandés según el cual la música podría sustituir completamente a los analgésicos durante el parto.[18]

La posología del didgeridoo

Los efectos beneficiosos de la música sobre nuestro organismo no parecen acabar aquí. Hay diversas pruebas de que el hecho de echarse en un sofá a escuchar una música agradable puede ser bueno para la circulación debido a la reducción de los niveles de tensión arterial. Aquí podríamos decir que echarse en un sofá a leer un libro ameno, o a hacer cualquier otra cosa agradable, puede tener el mismo efecto. No obstante, en el caso de la música existen investigaciones de base, de esas que se hacen con ratones de laboratorio, proyectadas expresamente para establecer si estos efectos tienen fundamentos fisiológicos no vinculados únicamente a lo agradable del estímulo o incluso al sofá en sí.

Por ejemplo, para explicar por qué la música puede mejorar la hipertensión arterial, los neurólogos Den'etsu Sutoo y Kayo Akiyama, de la Universidad de Tsukuba, en Japón, han observado a un grupo de ratones hipertensos sometidos a la escucha del *Divertimento número 7 en re mayor* de Mozart. Los animalillos se encontraban en el corral de la universidad, bien cuidados y bien nutridos. Después se les sometió a la implantación de una cánula en el ventrículo cerebral lateral para poder medir los niveles de algunas sustancias en ese punto. Todos los ratones estaban sometidos a atenta supervisión: sobre todo se les había medido la tensión arterial con un pequeño esfigmomanómetro hecho expresamente para ratones, dotado de un brazalete que se posiciona sobre la cola. Así los investigadores japoneses pudieron verificar que la audición de música aumentaba la cantidad de calcio transportada al cerebro, lo que activaba la producción de dopamina, que a su vez inhibía la actividad del sistema nervioso simpático (uno de los componentes del sistema nervioso autónomo), reduciendo así la presión arterial. En pocas palabras, a través de la dopamina, parecía ser que Mozart les garantizaba a los ratones una mejor salud cardiovascular y, por tanto —cabe suponer— una mayor longevidad.

Lo que no dice el estudio es si gracias a la liberación de dopamina los ratones encontraban hasta agradable la música de Mozart o si el efecto observado estaba relacionado únicamente con la distracción, o con la emoción, o con ambas cosas, o si era un efecto provocado por la música, independientemente del oyente.

El estudio de estos japoneses puede parecer enrevesado, porque los ratones en condiciones naturales no escuchan música y probablemente tampoco les haga muy felices oírla en un corral, con una cánula en el cerebro y un esfigmomanómetro alrededor de la cola: saber que oír música puede alargarles la vida puede ser una información poco útil para cualquiera, incluidos los ratones. Según los autores, se trataba de comprender si (y por qué) ciertos estímulos sonoros son beneficiosos en los ratones del mismo modo que en los seres humanos, que sí pueden decidir escuchar música. Ahora que se ha aclarado al menos una parte del mecanismo, y después de haber establecido el papel de la dopamina —concluyen los investigadores de Tsukuba—, se puede plantear el uso de la música en el tratamiento de los síntomas de enfermedades vinculadas con esta hormona, como el Parkinson. Y por tanto —añaden—, se puede empezar a pensar en usar la música en el cuadro de terapias de esta enfermedad, sabiendo con seguridad que actúa sobre ciertos mecanismos específicos del cerebro en lugar de basarse en observaciones empíricas.

Admitiendo que la música pueda tener realmente un efecto clínico sobre la tensión arterial, algo que efectivamente parece haberse observado en diversas ocasiones, muchas otras afecciones médicas podrían aprovechar los beneficios de la audición —y aún más de la producción— de música, como la epilepsia, la demencia senil y ciertas disfunciones del aparato cardiovascular. Un grupo de investigadores italianos e ingleses examinó también los efectos de ritmo y estructura melódica de la respiración y de ciertos parámetros de la función circulatoria, y observó que la velocidad de la música influye en nuestra fisiología.[19] En particular, la audición acelera la respiración y aumenta la tensión y la frecuencia cardíaca proporcionalmente al ritmo y a su complejidad: cuanto más rápida es, más aumentan esos parámetros, supuestamente por un efecto de estimulación del sistema simpático. El efecto no depende del género musical ni de los gustos del oyente: el experimento se realizó comparando música india raga tocada al sitar, un rap de los Red Hot Chili Peppers, el *Adagio* de la *Novena Sinfonía* de Beethoven, una pieza dodecafónica de Anton Webern, la música tecno de Gigi D'Agostino y el *presto* del *Verano* de Vivaldi. Todas las

175

piezas rápidas (el *presto* de Vivaldi, el rap de los Red Hot Chili Peppers y la música tecno) tenían la capacidad de aumentar la frecuencia cardíaca y respiratoria de un modo similar. Para el cerebro, Vivaldi y la música tecno no resultaban tan diferentes, mientras que el *Adagio* de Beethoven y aún más la pieza raga tenían el efecto opuesto: esto demostraría, entre otras cosas, que no es el estilo musical el que tiene influencias biológicas, sino el ritmo.

Por último, un equipo de investigadores suizos ha publicado un artículo en el *British Medical Journal* en el que sostiene que tocar un instrumento de viento puede aumentar el control de la respiración, actuando no en el plano psicológico o en el ritmo de la actividad respiratoria, sino en la fuerza y la coordinación de los músculos de las vías respiratorias altas.[20] Así pues, tocar podría suponer una ayuda para quien quiere dejar de roncar. Pero cuidado, no vale cualquier instrumento de viento: en este caso específico los investigadores subrayan las virtudes del didgeridoo, instrumento tradicional de los aborígenes australianos hecho con una rama de eucalipto ahuecada por las termitas, de hasta cuatro metros de largo y tres centímetros de ancho en la embocadura y unos treinta en la parte terminal. El didgeridoo no tiene orificios para los dedos, por lo que emite un sonido muy profundo y continuo que puede modularse moviendo los labios, las mejillas y la lengua, como pronunciando diferentes vocales. Dado que para tocar el didgeridoo se puede soplar ininterrumpidamente, inspirando por la nariz mientras se espira por la boca, el ejercicio permitiría al paciente reforzar los músculos respiratorios y a su pareja pasar noches más tranquilas. ¿La posología del didgeridoo? Una hora al día durante cuatro meses, con permiso de los vecinos.

Capítulo 10

El efecto Mozart

*L*a música no solo es beneficiosa para el cuerpo, ni el debate sobre sus innumerables virtudes es prerrogativa exclusiva de la medicina. En el campo de la psicología también se han hecho numerosas observaciones sobre su capacidad para mejorar las habilidades motora, espacial, temporal y cognitiva de los niños. En dos palabras, para hacerlos más coordinados, hábiles y despiertos. Desgraciadamente, la línea divisoria entre las investigaciones que estudian estos efectos con rigor neurológico y las que se lanzan a afirmar, sin una sólida base científica, que la música nos hace más inteligentes es bastante fina, quizás aún más fina que la que separa las investigaciones sensatas de las insensatas en el ámbito médico-clínico.

Que los niños vengan a mí

Las investigaciones más discutibles desde el punto de vista científico son las que acaban más a menudo en los periódicos o en el telediario. En ellas se basan algunas decisiones políticas (a veces claramente demagógicas) supuestamente encaminadas a elevar el cociente intelectual de un pueblo o de una nación y de mejorar su suerte. Obviamente, en estos casos se ha usado siempre la música clásica, que tiene fama de ser mejor que las otras y, sobre todo, típica de las personas cultas; y les ha tocado a los ciudadanos más jóvenes —tan jóvenes que no se pueden rebelar— sufrir las consecuencias. En el estado americano de Georgia, por ejemplo, el 13 de enero de 1998 el entonces gobernador Zell Miller declaró que había incluido en el presupuesto del estado 105.000 dólares al año para mandar a todas las mujeres a punto de ser mamás un CD de Mozart. Y en Florida es obligatorio que los niños que asisten a parvularios públicos escuchen cada día un concierto o una sonata de música clásica.[1]

Los estudios más rigurosos desde el punto de vista metodológico, los que arrojan las conclusiones menos espectaculares, son en cambio más pesados de leer y no satisfacen los deseos de la mayoría de espectadores del telediario, por lo que suelen quedarse en el ámbito de los que trabajan en ellos. Un primer modo para distinguirlos es ver si hablan solo de oír música (experiencia que vivimos todos continuamente) o si hablan también de producirla. Tal como se ha visto y estudiado a fondo, cuando se toca un instrumento —y sobre todo cuando se practica— el cerebro se modifica y se adapta. Desde luego no se habla de que pasar las tardes haciendo escalas y arpegios tenga algún efecto a largo plazo sobre las funciones de nuestro sistema nervioso. Puede que se trate de funciones motoras o cognitivas, pero en general los diversos experimentos demuestran que existe cierto efecto, y que está sólidamente vinculado con la famosa plasticidad neuronal. Por otra parte, el ejercicio de la música requiere y crea a su vez toda una serie de factores secundarios que tampoco pueden pasarse por alto: se conocen personas nuevas, se aprenden cosas nuevas y se aprenden lenguajes nuevos.

Entre los resultados más importantes de las investigaciones sobre los efectos cognitivos del ejercicio musical están los de un estudio chino sobre la memoria verbal de los niños: los que estudian música ganan también facilidad para aprender palabras nuevas y para recordarlas más tiempo. El estudio, publicado en 2003 por un grupo de investigadores de la Universidad China de Hong Kong[2] se realizó con 90 niños entre los seis y los quince años, la mitad de los cuales se preparaba para entrar en la orquesta del colegio. Los resultados de los tests sobre memoria verbal, mejores en esta fracción de la muestra, se explicarían teniendo en cuenta que la interpretación musical mejora la organización de la región temporal izquierda del cerebro, donde reside la memoria verbal. Esto sucedería porque el ejercicio de la música estimula también las funciones del hemisferio izquierdo, donde se encuentra la mayor parte de las zonas implicadas en la audición y la interpretación. Es, prácticamente, como si descubriéramos que practicar el atletismo ayuda a mejorar en el aprendizaje del tenis. La explicación, en este caso, no sería tan sorprendente: el atletismo tonifica los músculos de las piernas y proporciona resistencia, facilitando los primeros entrenamientos de los tenistas sobre la hierba.

Eugenia Costa Giomi, psicóloga musical de la Universidad de Texas, en Austin, ha observado que los niños de nueve años que estudian al menos dos años de piano desarrollan habilidades motoras finas mejores que sus coetáneos que nunca han estudiado música:[3] los pequeños pianistas son más coordinados cuando tienen que mover rápidamente los dedos, por ejemplo para escribir. Pero Costa Giomi también ha observado que las clases del conservatorio arrojan otro tipo de efecto beneficioso, evidente solo en los niños más desfavorecidos. En Montreal, Costa Giomi reclutó a 117 alumnos de tercer curso de primaria que nunca habían recibido clases de música, que no tenían instrumentos en casa y procedentes de familias pobres, en muchos casos con padres en paro o de familias monoparentales. Al inicio del experimento los niños realizaron tests estandarizados sobre lenguaje, matemáticas, autoestima, aptitudes musicales, habilidades motoras finas y habilidades cognitivas. A continuación la muestra se dividió en dos subgrupos equitativamente repartidos según los resultados de los tests preliminares: los del primer subgrupo recibieron de regalo un teclado y clases particulares de piano; los del segundo siguieron con sus actividades cotidianas normales. En los tres años que duró el experimento, algún niño del primer subgrupo abandonó las clases, pero los 117 se sometieron a los mismos tests al final de cada curso escolar. Además, los investigadores tuvieron acceso a las notas y pudieron seguir la evolución de todos los niños en el colegio.

El resultado fue casi una desilusión: los niños que habían tomado clases de piano no habían mejorado en el colegio como se esperaba. Eso sí, su autoestima había mejorado mucho. Costa Giomi interpreta que se debe a una combinación de factores inédita en estos niños: tener la oportunidad de desarrollar sus habilidades e intereses independientemente de su coste económico, disponer de un profesor particular y poder ganarse un lugar de honor en los conciertos de final de curso.

Pequeños genios de la música

Es cierto que Costa Giomi observó que las calificaciones de los niños que iban a clase de música no mejoraban, pero otras investigaciones psicológicas se han esforzado en demostrar lo contrario. Es decir, probar que tocar un instrumento desarrolla la inteligencia, aunque sin dejar muy claro cuáles son los efectos a corto y a largo plazo.

El tema ha despertado un debate casi feroz, en el que a menudo se enfrentan Frances Rauscher, psicóloga de la Universidad de Wisconsin-Oshkosh, y Glenn Schellenberg, psicólogo de la Universidad de Toronto en Mississauga, en Canadá; pero no son los únicos.

Frances Rauscher sostiene hace años que producir música —y también escucharla— puede servir para potenciar la inteligencia, tanto a corto como a largo plazo. Según ella, la música siempre funciona, y en los niños en edad preescolar que toman clases de música en particular puede hacer que mejoren los resultados de los tests de tipo espacio-temporal, donde se deben combinar elementos en un orden específico que corresponda a una imagen mental.[4] La hipótesis de la psicóloga es que también los elementos de una pieza musical tienen una organización espacial y temporal, que debe reconstruirse mentalmente a medida que se toca. La música, pues, podría ser un modo de aprender a organizar los procesos cognitivos, sobre todo a una tierna edad, por lo que su ejercicio podría servir para mejorar las habilidades específicas medidas posteriormente por los psicólogos en los tests.

Rauscher sostiene que la práctica de la música es una herramienta educativa única, capaz de potenciar la inteligencia de los niños sobre todo en el momento más importante, es decir, al inicio de la escuela elemental. Por ello aboga porque el Estado les garantice a todos los niños el acceso a clases de música en los primeros años de vida.

Para demostrarlo, la psicóloga estadounidense partió de estudios como los de Costa Giomi sobre las habilidades motoras finas que, no obstante, tendrían el defecto de basarse en clases particulares en el conservatorio, aunque en aquel caso fueran los científicos quienes las pagaban. Dado que no todos pueden permitirse las clases en el conservatorio, y mucho menos un profesor particular, Rauscher quiso demostrar que se pueden obtener los mismos efectos en grupos numerosos, introduciendo democráticas clases de música en las escuelas publicas. Así pues, analizó el caso de 62 niños de seis años (36 niños y 26 niñas) divididos en cuatro clases de dos colegios elementales públicos del Medio Oeste de Estados Unidos. Dos de las clases recibieron lecciones de piano, mientras que la otra mitad de los niños, en aquel mismo momento, dedicaba su tiempo a escribir un diario. Como en los otros casos, al inicio del período de observación todos hacían un test psicológico específico para su edad. Las clases de piano duraban veinte minutos y tenían lugar dos veces por semana, en grupos de diez alumnos a los que luego se les animaba a tocar el piano también en casa o donde pudieran hacerlo. A los cuatro y a los ocho meses, al acabar las clases, todos los niños se sometieron a los mismos tests que habían realizado al inicio: los que habían tenido la ocasión de tomar lecciones de música mostraron una mejoría en los resultados de los tests superior a los otros niños —a excepción del test sobre memoria visual—, independientemente del sexo y de los ingresos familiares. Con ello, según Rauscher, se demuestra que la música les hace más inteligentes.

181

Schellenberg contraatacó ampliando el marco del estudio para restringir los resultados. El psicólogo canadiense reclutó a 144 niños de seis años —más del doble de los de Rauscher— a través de un anuncio publicado en un periódico local. Durante un año, cada uno de ellos podía seguir un curso de música o de teatro gratis, ofrecido por profesores cualificados del conservatorio de la ciudad. Pero no todos tomaban las clases en el mismo momento.

Al inicio del primer año escolar, dos subgrupos seguían clases de música (uno de ellos clases de canto y el otro de piano); uno recibió clases de teatro y otro no asistió a ningún curso, al decidir hacerlo al año siguiente. Antes y después del curso académico, todos los niños completaron un test de inteligencia estandarizado para su edad: el *Wechsler Intelligence Scale for Children*, que se usa habitualmente en Norteamérica para diagnosticar las dificultades de aprendizaje. Pues bien, los niños que habían asistido a clases de música presentaron un incremento del cociente de inteligencia mayor que el hallado en los otros grupos, aunque la diferencia era leve: todos se habían vuelto más inteligentes, porque habían crecido y habían ido al colegio durante un año, pero los pequeños músicos habían dado un paso más allá.

¿Y los que habían estudiado teatro? Ellos también registraban un efecto positivo nada desdeñable. De todos los niños, los que se habían iniciado en la dramaturgia eran los que presentaban un mayor incremento de las habilidades sociales: se habían vuelto menos tímidos y más abiertos a los demás.

No obstante, para Schellenberg su estudio no prueba en absoluto que a los niños la música les haga más inteligentes y el teatro más sociables. El asunto es algo más complicado.

Para empezar, no se puede decir que el efecto hallado sea específico de la música o de la dramaturgia, sino aplicable a todos los estímulos agradables y a las actividades extraescolares. Es decir, que asistir a clases de música o de teatro despierta la curiosidad de los niños y por ello tiene un efecto positivo a largo plazo sobre el crecimiento de su cerebro. Además, al ser cosas divertidas (entre otras cosas porque en este caso particular se trataba de clases en grupo), las actividades extraescolares proporcionan un cierto bienestar y eso influye en los resultados del test. Probablemente algo similar sucedería con otras actividades en grupo o de concentración, como salir con un grupo excursionista o asistir a un curso de ajedrez.

No es aprender a tocar lo que le hace bien al cerebro, sostiene Schellenberg, sino en general recibir estímulos durante la edad de desarrollo. Tampoco está claro que eso tenga que ver con la inteligencia o con el éxito en la vida, porque nadie asegura que los tests psicológicos presentados en clase a los niños de seis años sean capaces de detectar con precisión las diferentes habilidades de cada alumno y sus probabilidades de llegar a convertirse en un adulto feliz. Así que no pasa nada por dejar que los niños escojan cómo quieren pasar la tarde.

La posición de Rauscher, pese a ser del agrado de los que disfrutan buscando en su hijo a un pequeño genio, hace referencia a un concepto de inteligencia que muchos otros psicólogos consideran un tanto naif: el de algo que puede medirse de forma rápida y directa y que se puede incrementar con instrumentos *ad hoc*.

182

Mozart y la inteligencia

La contraposición entre las dos visiones encuentra su máxima expresión en el debate sobre el denominado «efecto Mozart», descubierto por Rauscher hace una década y que nunca ha reproducido ningún otro científico que no sea la propia Rauscher o alguno de sus partidarios. El efecto Mozart consistiría en un aumento temporal de las habilidades cognitivas vinculado a la audición de una sonata del compositor austríaco. Es decir que según la psicóloga estadounidense, simplemente con escuchar la música de Mozart nuestra inteligencia se dispararía durante un breve período de tiempo, aunque lo suficiente para que el efecto resulte detectable en los tests psicológicos.

En este caso, además del problema de la definición de inteligencia, el debate se vuelve más áspero por otro motivo: para los adversarios de Rauscher la audición de música no puede considerarse una experiencia que modifique el cerebro de forma estable. Schellenberg en esto no transige: no podemos pasar por alto que escuchar música es una experiencia común a todo el mundo y carente de consecuencias específicas sobre las habilidades cognitivas, sobre todo si se habla de una escucha de breve duración. El ejercicio de la música, en cambio, es una actividad compleja que obliga al cerebro a esforzarse en diversos aspectos, con resultados que desde luego no duran pocos minutos.

Más que todos sus otros estudios, es el efecto Mozart el que le ha dado su fama a Frances Rauscher. De hecho, periódicamente aparecen en los medios nuevas confirmaciones o desmentidos del efecto, obra de la propia psicóloga o de otros investigadores que han elegido a Mozart para dar mayor publicidad a sus estudios, siguiendo el ejemplo de la estadounidense.

La historia empezó en 1993, cuando la revista *Nature* publicó un artículo en el que Rauscher, junto al físico Gordon Shaw, afirmaba haber demostrado que los resultados de inteligencia mejoran en las personas que escuchan durante diez minutos una sonata de Mozart (en el caso estudiado, la *Sonata K 448 para dos pianos*) con respecto a quien escucha música *new age* o quien espera en silencio que empiece el test. La diferencia se midió en términos de cociente intelectual (C.I.) y se cuantificó en 8 puntos: no son pocos, si tenemos en cuenta que el C.I. medio es de 100. O sea, que se demostraba que Mozart, incluso en pequeñas dosis, es capaz de aumentar nuestro rendimiento en un momento determinado y quizá de ayudarnos a sacar mejor nota en un examen de la universidad.[5] Se hicieron eco de la noticia periódicos de todo el mundo que, obviamente, cayeron en la simplificación: «Mozart aumenta la inteligencia». Una de las primeras consecuencias fue el regreso del viejo Wolfgang Amadeus a las listas de éxitos, con nuevas compilaciones creadas específicamente para la ocasión.

En realidad, muchos científicos mostraron inmediatamente su perplejidad. Para los críticos se trataba simplemente de un efecto vinculado a lo agradable del estímulo auditivo: relajarse oyendo música agradable antes de entrar en una sala a hacer un test psicológico mejora el estado de ánimo. Cuando se está bien, se ejecuta mejor cualquier tarea; podía ser Mozart como cualquier otra cosa, siempre que se adaptara a los gustos del conejillo de Indias que debía realizar el test.[6]

Otros, que defendían y defienden aún hoy las virtudes del estudio de Rauscher, empezaron a buscar motivos en ciertas características propias de la música de Mozart, como el uso insistente de la nota *sol* y la repetición de ciertas estructuras musicales.[7]

Así empezó una larga serie de intentos por parte de ambas facciones para repetir los resultados de Rauscher. El líder de los escépticos, con al menos catorce publicaciones sobre el tema,[8] resultó ser Kenneth Steele, psicólogo de la Universidad de los Apalaches.

Dos años tras la publicación en *Nature*, Rauscher volvió a aparecer en las páginas del *Neuroscience Letters*[9] con un experimento similar al primero donde, esta vez, Mozart competía con el silencio y con una pieza de Philip Glass, compositor minimalista estadounidense. También en esta ocasión los tests de inteligencia dieron mejores resultados entre los que habían escuchado a Mozart antes de empezar el test. Entonces el irreductible Steele, junto con otros dos investigadores de su departamento, ejecutó el mismo experimento, pero con una muestra de voluntarios algo más numerosa.[10] Y no obtuvo el mismo resultado. Es más: tal como sostenía el psicólogo en las conclusiones de su artículo, si alguien había hecho mejor el test de inteligencia tras diez minutos de música, no se debía en absoluto a los poderes sobrenaturales del compositor ni al poder tauma- túrgico de la nota *sol*: se trataría, más bien, de un caso típico de mejora del estado de ánimo vinculada a la escucha de algo agradable.

Rauscher objetó que posiblemente habría habido algún ma- lentendido: era probable que Steele no hubiera repetido exacta- mente el experimento y que se hubiera equivocado al repartir a sus voluntarios en tres grupos. Además, Steele había centrado su experimento en la búsqueda de efectos a largo plazo, mien- tras que el verdadero efecto Mozart suponía mejorías tempora- les, que desaparecían al cabo de unos diez minutos. Por último, Steele se había equivocado en la elección de los tests de inteli- gencia: no debía buscar un aumento general del C.I., sino de la inteligencia espacio-temporal.[11]

En 1997, Rauscher publicó una investigación en la que afirmaba que estudiar música durante la infancia potencia la inteligencia al crecer, especificando que se trataba de un efec- to a largo plazo, aunque limitado a los resultados de tipo espa- ciotemporal.[12] Después, en el año 1998, volvió a la carga con otra investigación sobre el verdadero efecto Mozart, esta vez observando a ratoncitos que se habían visto expuestos en el útero y tras el nacimiento a la escucha de la sonata en cues- tión.[13] También en el caso de los animalitos, además del grupo que escuchaba a Mozart, había otros dos: a uno le habían he- cho oír la misma pieza de Philip Glass que en el experimento anterior, y a un tercer grupo lo habían dejado en paz. El resul- tado había sido idéntico al observado con niños: los ratones que habían oído a Mozart salían más rápidamente del laberin- to que los demás, señal de una mayor inteligencia espacial, evidentemente obtenida gracias a la sonata. Eso estaría muy bien, si no fuera porque los ratones nacen sordos.[14] En cual- quier caso, Rauscher buscaba distinguir los efectos a largo pla- zo de los efectos a corto plazo —ambos presentes y cuantifica- bles— y los efectos sobre la inteligencia espaciotemporal de los de la inteligencia en general, puesto que escuchar Mozart solo debía afectar a la primera.

La batalla sobre el efecto Mozart alcanzó su momento álgi- do un año más tarde, en 1999, cuando *Nature* publicó dos car-

185

tas en contra y una a favor, esta última escrita por la propia Rauscher. Las dos cartas de escépticos procedían de un psicólogo de Harvard, Christopher Chabris —famoso, entre otras cosas, por haber ganado en 1994 un premio IgNobel a la investigación más divertida del año— y el otro de un nutrido grupo de neurólogos expertos en música y cerebro, con Kenneth Steele a la cabeza, seguido de Isabelle Peretz y otros. [15]

La correspondencia publicada en *Nature* empieza con la carta de Chabris, que repasa todos los estudios en los que el efecto psicológico de la audición de Mozart se ha comparado con alguna otra cosa: una pieza de Philip Glass, por ejemplo, pero también un extracto de un relato de Stephen King o una canción popular: y a fin de cuentas, el efecto Mozart no queda confirmado.

En la segunda carta contraria, firmada entre otros por Steele, los autores repiten por enésima vez que no han encontrado pruebas empíricas de que Mozart pueda hacernos más inteligentes. Y concluyen diciendo: «Llegados a este punto habría que pedir un réquiem».

La réplica de Rauscher suena a invitación a la cautela con cierto tono de mosqueo. En primer lugar, escribe la psicóloga, nadie ha afirmado nunca que Mozart haga más inteligente a la gente: es una conclusión precipitada, aceptable para los periodistas, pero no para los científicos. Lo que Shaw y ella misma descubrieron es un efecto transitorio sobre las habilidades espaciotemporales, no sobre la inteligencia en general. Luego están los habituales errores metodológicos. Y Chabris comete también algún error de localización de las funciones nerviosas superiores al intentar explicar los resultados obtenidos en 1993 por los descubridores del efecto Mozart. Por último, indica Rauscher, no hay que olvidar el experimento realizado con ratones, en el que se ha visto que el efecto positivo sobre la inteligencia no está vinculado a la sensación de bienestar, sino que tiene cierta base biológica. Algo, por otra parte, demostrado también por otros estudios realizados con seres humanos, en los que se ha podido determinar que es solo Mozart, no Felix Mendelssohn u otros músicos, el que mejora los resultados de los tests de inteligencia.

La conclusión de Rauscher no es menos cáustica que la de

Steele: «El hecho de que alguien no consiga que le suba la masa no niega la existencia de un "efecto levadura"».

Tras la batalla dialéctica librada en las páginas de *Nature* —que fue la primera publicación en dar crédito al efecto Mozart y avivar así el fuego en 1993—, otras noticias contribuyeron a la polémica en diferentes momentos. La última intervención de Fran Rauscher fue en 2004, secundada por Hong Hua Li, genetista de Stanford, cuando presentó en un congreso de neurología su demostración molecular del efecto Mozart: en ratas de laboratorio, la música del austríaco sería capaz de activar en una zona del cerebro —el hipocampo— la transcripción de algunos genes por parte de las proteínas, con lo que crecerían las células nerviosas y se estimularía la memoria. O sea, que según Rauscher la historia se dirige a un final feliz, ya que la genética aportaría un apoyo científico a su teoría.[16]

Efecto Schubert, efecto cuento, efecto caramelo...

Aun así, el nutrido grupo de psicólogos posicionados en contra del efecto Mozart no se rindió. Es más, da la impresión de que muchos de ellos incluso se divierten inventando todas las posibles variantes de los experimentos de la psicóloga americana. Entre ellas, los estudios de Glenn Schellenberg se distinguen por su precisión y su perseverancia.

A Schellenberg no le convence una elección tan arbitraria de los rivales de Mozart (Philip Glass, Felix Mendelssohn, Stephen King...) ni unos resultados tan aleatorios y difíciles de racionalizar ni, por si eso fuera poco, las sutiles diferenciaciones hechas por Rauscher entre los diversos tipos de inteligencia. Del mismo modo que para él no tiene sentido la distinción entre efectos a largo plazo del ejercicio de la música (que los hay, son obvios y él no los pone en duda) y los efectos a corto, peligrosamente confundibles con los debidos a la mejora del estado de ánimo mientras se está en una sala a la espera de ver al psicólogo con el que se va a hacer el test.

Así pues, Schellenberg decidió intentar repetir el experimento él mismo.[17] Consideró el mismo test de valoración de la inteligencia usado por Rauscher, el mismo fragmento de la misma sonata de Mozart e incluso seleccionó él mismo a unos cuantos voluntarios que durante diez minutos escucharon la música y luego se sometieron al test. Enfrentó a Mozart con una pieza de Schubert (la *Fantasía para piano en* re *mayor*) interpretada por el mismo concertista y procedente del mismo CD. Un tercer subgrupo de voluntarios tuvo que permanecer en silencio, como en los experimentos de Rauscher. Resultó que, efectivamente, Mozart mejora el resultado de los tests de inteligencia con respecto al silencio, pero que también Schubert tiene el mismo poder: así pues, Schellenberg podría haber encontrado un «efecto Schubert». En la segunda fase, Schellenberg enfrentó a Mozart con el relato de un cuento, observando que el efecto sobre el C.I. desaparecía. O, para ser precisos, seguía presente en los voluntarios que preferían Mozart al cuento, pero se veía acompañado de un inédito «efecto cuento» en el caso de los que preferían la narración a la música; el resultado global, no obstante, era nulo. En conclusión, afirma Schellenberg, es evidente que no es el genio austríaco quien hace que mejore el C.I. en los diez minutos sucesivos a la escucha de la sonata, sino la mejora del humor la que predispone a los voluntarios ante la perspectiva de un aburrido test que tienen que hacer solos, frente al ordenador y con un psicólogo apostado a su espalda. Por tanto, sostiene Schellenberg, siempre provocador, podríamos encontrar también un «efecto caramelo» o un «efecto charla», e incluso un «efecto cinco dólares».

Como apoyo de esta idea, Schellenberg también comparó con un test elaborado al efecto el estado de ánimo de otros dos grupos de voluntarios:[18] uno había escuchado la consabida sonata de Mozart, y el otro el *Adagio en* sol *menor* de Albinoni, pieza triste y lenta que se oye en los funerales. Como era de esperar, el estado de ánimo era mejor entre los sujetos del primer grupo, que obtenían mejores resultados en el test de inteligencia, mientras que los segundos, decididamente más tristes, daban resultados similares a los que habían esperado en silencio, o incluso peores.

La serie de contraexperimentos de Schellenberg no pasó por alto a los niños, y prosiguió al menos hasta 2005. Solo con lápices y rotuladores, el psicólogo observó que los niños de parvulario son más creativos si oyen música de dibujos animados que si se les pone el lúgubre *Adagio* de Albinoni. En cambio, en los chicos algo mayores observó un previsible «efecto Blur»: los jóvenes que escuchaban las alegres canciones del grupo pop inglés demostraban una inteligencia superior a los que habían esperado en silencio al inicio del test. Y, curiosamente, también a la de los que habían escuchado a Mozart.[19]

Moraleja

La historia del efecto Mozart de momento termina aquí. Como hemos visto, no hay aún un resultado claro, por mucho que Rauscher se vea cada vez más aislada y sus detractores cada vez más decididos a cerrar el tema. Sin duda podemos encontrar una moraleja: mientras los científicos andaban a la greña entre ratoncitos amantes de la música clásica y fans de Blur en las escuelas primarias, en Internet han proliferado las páginas en las que se pueden comprar productos de diversos tipos para aumentar la inteligencia, sobre todo colecciones de música y manuales para madres ansiosas. Todo con piezas de Mozart, obviamente, propuestas para consumo de un público menor e inconsciente.[20] Se dice incluso que un obstetra de Indiana, preocupado por el desarrollo cognitivo de los hijos de sus pacientes, construyó un dispositivo para suministrar directamente música de Mozart al útero.[21]

Cada vez que se vuelve a hablar del efecto Mozart, tras la enésima publicación o la habitual discusión en algún congreso, las ventas de toda esta parafernalia aumentan exponencialmente. Así pues, exista o no el efecto descrito por Rauscher, podemos afirmar que sin duda existe un «efecto efecto Mozart», al menos para los vendedores de música por Internet. Hay que decir que Fran Rauscher y Gordon Shaw han insistido repetidamente en que ellos no tienen nada que ver con este negocio. Sobre todo no tienen nada que ver con el libro titulado *El efecto Mozart: aprovechar el poder de la música*,[22] escrito por Don Campbell, que se ha inventado la marca Mozart Effect y que hace años que viaja por Estados Unidos dando sus conferencias pseudocientíficas.

Con todo, lo que sí podemos decir es que, aunque no sepamos con certeza si escuchar música clásica nos hace más inteligentes, desde luego tampoco debe de hacer ningún daño.

189

Conclusiones

 $\mathcal{L}$ os estudios de los que disponemos hasta el momento sobre la musicalidad humana prácticamente acaban aquí, aunque probablemente no los hayamos mencionado todos y otros muchos estuvieran en proceso de ejecución mientras se escribían estas páginas. En cualquier caso, podemos hacer un recuento de las principales hipótesis que explicarían hasta el momento por qué le gusta al ser humano la música.

Muchos piensan que la música se puede comparar con el conjunto de formas de comunicación entre seres humanos y que ahí radica la clave para darle una explicación en términos evolutivos: podría haberse desarrollado para vehicular significados concretos antes de la aparición del lenguaje hablado, o podría derivar del protolenguaje del que derivó también el habla. O también podría ser una forma de comunicación propiciada por los procesos de selección sexual, porque permite el cortejo. O haber nacido como medio de interacción entre la madre y el hijo recién nacido: en particular, haría posible que la mamá tranquilizara a su pequeño sin tener que utilizar los brazos para acunarlo y, por tanto, sin tener que perder tiempo necesario para recolectar alimentos. La música también podría ser una forma de ejercicio social, positivo para la especie porque la socialización a su vez garantiza la posibilidad de encontrar apoyo y ayuda en caso necesario; así pues, podría haber aparecido como sistema para garantizar la cohesión de un grupo y para crear un sentimiento de identidad.

Todas estas hipótesis explicarían por qué los seres humanos son capaces de apreciar, ya desde la infancia, determinadas características de la música humana, y la increíble capacidad que tienen de absorber las melodías y los ritmos típicos de la cultura en la que crecen, del mismo modo que aprenden a hablar espontáneamente, sin necesidad de un maestro.

Por otra parte, cada una de estas hipótesis va acompañada de una plétora de experimentos o de observaciones de campo que la sustentan y que demuestran que las habilidades musicales del ser humano son exclusivas de nuestra raza y que no se observan en otros animales (o, al menos, que solo nosotros contamos a la vez con las habilidades musicales y la capacidad de combinarlas para crear algo que nos resulte agradable).

A algunos, la idea de que la música pueda haber favorecido la comunicación entre los primeros hombres les ha llevado a pensar que puede haber tenido un papel especial en el desarrollo del cerebro humano, confiriéndole una capacidad de abstracción nueva de la que podrían haber derivado el pensamiento abstracto, el lenguaje hablado y las otras cualidades que habitualmente identificamos como propias y únicas de nuestra especie.

Por último, la música es un vehículo para las emociones. Así, las teorías que la definen como forma de comunicación entre seres humanos a menudo hacen referencia a aspectos como sentimientos o estados de ánimo. El contenido emotivo de una música puede estudiarse en todas las culturas y en todas las formas musicales, y los científicos pueden observarlo gracias a las técnicas de imagen cerebral (para ver el cerebro en acción) y medirlo con diferentes dosis de hormonas. Aquí aparecen también las teorías sobre la música como calmante social, capaz de unificar al grupo, de eliminar tensiones y, sobre todo —en opinión de algunos— de calmar las salidas de tono masculinas.

Casi todas las hipótesis que hemos visto dejan espacio a las demás y pueden convivir perfectamente con otras. La única que no admite otras es la del pastel de nata, según la cual la música nunca habría tenido utilidad alguna para el ser humano, sino que sería simplemente una forma de autoestimulación que practicamos por placer, sin sacar un beneficio directo ni obtener ventajas desde el punto de vista evolutivo.

Más allá de las hipótesis sobre los orígenes de nuestra musicalidad, hay que observar que la música existe desde hace muchísimo tiempo, quizá desde los orígenes del ser humano, y que está extendida por todos los pueblos que habitan en el planeta. Quizá no haya tenido tanta suerte por una cuestión evolutiva, y es cierto que el uso que hacemos de ella va sustancialmente vinculado al placer inmediato que nos proporciona. Lo cierto es que, en el fondo, casi todo lo que nos han demostrado hasta el momento los experimentos realizados con seres humanos no resulta tan sorprendente.

Nanas, melodías para relajarse, música que crea ambientes terroríficos o alegres, pero también canciones para superar la tristeza y distraerse en un momento de tensión: todos conocemos estos mecanismos, aunque no hayamos pensado nunca en ellos. Así que, a la espera de que la ciencia desvele el misterio del placer que nos da la música, nosotros, músicos o simples oyentes, podemos seguir disfrutando de ella cada vez que queramos, usarla para poner a un niño a dormir, darnos un baño antes de acostarnos o disfrutar de una película.

Ya lo decía Elvis Presley: «Yo no sé nada de música. En mi trabajo no hace falta».

Referencias bibliográficas

La cita inicial procede de *Los trazos de la canción* de Bruce Chatwin, Península, Barcelona, 2007.

Capítulo 1 – Primeros pasos

1. SCHNEIDER, Achim, «Ice-age musicians fashioned ivory flute», news@nature.com, 17 de dicembre de 2004. En Internet: www.urgeschichte.uni-tuebingen.de/fileadmin/downloads/ Medien/ Flute/nature.pdf

2. TATTERSALL, Ian, *Hacia el ser humano: la singularidad del hombre y la evolución*, Península, Barcelona, 1998.

3. SLOBODA, John, *The Musical mind*, Oxford University Press, 1985.

4. En Italia la etnomusicología nace con un trabajo de 1954. Véase RICCI, Antonello y TUCCI, Roberta, *Musica arbë- reshe in Calabria. Le registrazioni di Diego Carpitelli ed Er- nesto de Martino* (1954). Libro + 2 CD musicales, Squilibri, Roma, 2006.

5. FUBINI, Enrico, *Estética de la música*, A. Machado Libros, Madrid, 2002.

6. Ibídem.

7. En francés en el texto de Leopardi.

8. LEOPARDI, Giacomo, *Zibaldone di pensieri*. En Internet: www.letteraturaitaliana.net/pdf/Volume_8/t226.pdf

9. SCHOPENHAUER, Arthur, *El mundo como voluntad y re- presentación*, Folio, Barcelona, 2002.

10. NIETZSCHE, Friedrich, *Il caso Wagner. Crepuscolo degli idoli. L'anticristo. Scelta di frammenti postumi: 1887-1888*, editado por Giorgio Colli y Mazzino Montinari, versiones de Ferruccio Masini y Sossio Giametta, Mondandori, Milán, 1981, pp. 7-8.

11. DARWIN, Charles, *Descent of Man, and Selection in Relation to Sex*. En Internet: www.zoo.uib.no/classics/descent. html

12. ODIFREDDI, Piergiorgio, *Pluma, pincel y batuta: las tres envidias del matemático*, Alianza, Madrid, 2007.

13. Ibídem.

14. Véanse numerosos datos sobre intervalos musicales en STEFANI, Gino, MARCONI, Luca y FERRARI, Franca, *Gli intervalli musicali. Dall'esperienza alla teoria*, Bompiani, Milán, 1990.

15. Se encontrará información más extensa sobre la forma de la escala pitagórica y de la escala ptolemaica en FROVA, Andrea, *Fisica nella musica*, Zanichelli, Bolonia, 1999, pp. 16 y ss.

16. ABBAGNANO, Nicola y FORNERO, Giovanni, *Filosofi e filosofie nella storia*, vol. I, Paravia, Turín, 1992, p. 41.

17. FERGUSON, Kitty, *L'uomo dal naso d'oro. Tycho Brahe e Giovanni Keplero, la strana coppia che rivoluzionò la scienza*, Longanesi, Milán, 2003, p. 225.

18. FROVA, Andrea, *Fisica nella musica, op. cit.*

19. TYMOCZKO, Dmitri, «The Geometry of Musical Chords», *Science*, 7 de julio de 2006, 313 (5783), pp. 72-74.

20. TIELLA, Marco, «La ricostruzione dell'archicembalo di Nicola Vicentino (1555)», *Strumenti e Musica*, 1 y 2, 1980. Del mismo autor, véase en Internet el artículo «L'archicembalo»: www.maurouberti.it/ma/ma81/Tiella.html

Capítulo 2 – Onda sobre onda

1. BORER, Philippe (ed.), *La pagina e l'archetto. Bibliografia violinistica storico-tecnica e studi effettuati su Niccolò Paganini*, Assessorato Comunicazione e Promozione della Città, Comune di Genova. En Internet: www.comunegenova.it/servlets/ resources?contentId=5958&resourceName=allegato

2. El proyecto de ley sobre el *la* de Verdi se encuentra en Internet: www.movisol.org/verdi.htm

3. Aquí y en las páginas siguientes, la referencia es MEUL-DERS, Michel, *Helmholtz. Des Lumières aux neurosciences*, Editionss Odile Jacob, París, 2001.

4. PICCOLINO, Marco, *Lo zufolo e la cicala. Divagazioni galileiane tra la scienza e la sua storia*, Bollati Boringhieri, Turín, 2005, p. 188 y ss.

5. BENDOR, Daniel y WANG, Xiaoqin, «The neuronal representation of pitch in primate auditory cortex», *Nature*, 436, 25 de agosto de 2005, pp. 1161-1165.

6. ZATORRE, Robert J. y KRUMHANSL, Carol L., «Mental models and musical minds», *Science*, 298, 13 de diciembre de 2002, pp. 2138-2139; HALPERN, Andrea R., «Cerebral substrates of musical injury», en *The Cognitive Neuroscience of Music*, editado por PERETZ, Isabelle y ZATORRE, Robert, Oxford University Press, Oxford, 2003, p. 218 y ss.

Capítulo 3 – Estudiar el cerebro musical

1. BRIGGS, Helen, «Musicians have 'more grey matter'», *BBC News Magazine*, 17 de junio de 2002. En Internet: news.bbc.co.uk/1/hi/sci/tech/2044646.stm

2. ELBERT, Thomas *et al.*, «Increased cortical representation of the fingers of the left hand in string players», *Science*, 270, 13 de octubre de 1995, pp. 305-307.

3. ZATORRE, Robert J., «Music, the food of neuroscience?», *Nature*, 434, 17 de marzo de 2005, pp. 312-315.

4. Ibídem.

5. MÜNTE, Thomas F., ALTENMÜLLER, Eckart y JÄNCKE, Lutz, «The musician's brain as a model of neuroplasticity», *Nature Reviews Neuroscience*, 3, junio de 2002, pp. 473-478.

6. ZATORRE, R. J., «Music, the food of neuroscience?», *op. cit.*

7. GOUGOUX, Frédéric *et al.*, «Neuropsychology: Pitch discrimination in the early blind», *Nature*, 430, 15 de julio de 2004, p. 309.

8. GRAHAM, Sarah, «Brain scans show deaf subjects 'hear' vibrations», *Scientific American*, 28 de noviembre de 2001. En Internet: www.sciam.com/article.cfm?articleID=000C2254-1C 3C-1C68-B882809EC588ED9F

9. PERETZ, Isabelle y COLTHEART, Max, «Modularity of music processing», *Nature Neuroscience*, 6, julio de 2003, pp. 661-695.

10. LURIA, A. R., TZVETKOVA, L. S. y FUTER, D. S., «Aphasia in a composer (V. G. Shebalin)», *Journal of the Neurological Sciences*, 2 (3), mayo-junio 1965, pp. 288-292.

11. BRUST, John C.M., «Music and the neurologist: a historical perspective», en *The Cognitive Neuroscience of Music, op. cit.*, p. 183.

12. DALLA BELLA, Simone y PERETZ, Isabelle, «Music agnosias: selective impairments of music recognition after brain damage», *Journal of New Music Research*, 28, 1999, pp. 209-16.

13. BRUST, John C.M., «Music and the neurologist», *op cit.*, p. 183.

14. PERETZ, Isabelle *et al.*, «Singing in the Brain: Insights from cognitive neuropsychology», *Music Perception*, 21, primavera de 2004, pp. 373-390.

15. PERETZ, Isabelle, «Brain specialization for music», *The Neuroscientist*, 8, 2002, pp. 372-380.

16. DEUTSCH, Diana, «Music recognition», *Psychological Review*, 1969, 76, pp. 300-307; DEUTSCH, Diana, «Tones and Numbers: Specificity of Interference in Immediate Memory», *Science*, 1970, 168, pp. 1604-1605.

17. KIMURA, Doreen, «Left-right differences in the perception of melodies», *The Quarterly Journal of Experimental Psychology*, 1964, 16, pp. 355-358.

18. BEVER, Thomas G. y CHIARELLO, Robert J., «Cerebral dominance in musicians and nonmusicians», *Science*, 9 de agosto de 1974, 185 (150), pp. 537-539.

19. ALTENMÜLLER, Eckart O., «How many music centres are in the brain?», en *The Cognitive Neuroscience of Music, op. cit.*, p. 346 y ss.

20. PATEL, Aniruddh D. «Language, music, syntax and the brain», *Nature Neuroscience*, 6 (7), julio 2003, pp. 674-681; MAESS, Burkhard *et al.*, «Musical syntax is processed in Broca's area: an MEG study», *Nature Neuroscience*, 4 (5), mayo de 2001, pp. 540-545; TILLMANN, Barbara, JANATA, Petr y BHARUCHA, Jamshed, «Activation of the inferior frontal cortex in mu-

sical priming», *Cogn. Brain Res.*, 16 (22), 2003, pp. 145-161; KOELSCH, Stephan *et al.*, «Bach speaks: a cortical 'language network' serves the processing of music», *Neuroimage*, 17, 2002, pp. 956-966.

21. LIÉGEOIS-CHAUVEL, Catherine *et al.*, «Intracerebral evoked potentials in pitch perception reveal a functional asymmetry of human auditory cortex», en *The Cognitive Neuroscience of Music, op. cit.*, pp. 152 y ss.

22. ZATORRE, Robert J., «Music, the food of neuroscience?», *op. cit.*

23. TRAMO, Mark Jude, «Enhanced: Music of the Hemispheres», *Science*, 291, 5 de enero de 2001, pp. 54-56.

24. PERETZ, Isabelle y COLTHEART, Max, «Modularity of music processing», *Nature Neuroscience*, 6 (7), julio de 2003, pp. 688-691.

25. ALTENMÜLLER, Eckart O., «How many music centres are in the brain?», *op. cit.*, p. 346 y ss.

26. LECHEVALIER, Bernard, *Le cerveau de Mozart*, Editions Odile Jacob, París, 2003.

27. PERETZ, Isabelle, «Brain specialization for music: new evidence from congenital amusia», en *The Cognitive Neuroscience of Music, op. cit.*, p. 192 y ss.

Capítulo 4 – Hermano chimpancé, hermana bonobo

1. BOWER, B., «Doubts aired over Neandertal bone 'flute'», *Science News*, 153 (14), 4 de abril de 1998, p. 215.

2. WRIGHT, Anthony A. *et al.*, «Music perception and octave generalization in rhesus monkeys», *Journal of Experimental Psychology: General*, vol. 129 (3), septiembre de 2000, pp. 291-307.

3. A propósito de su introducción, véase la página 40 de este volumen.

4. HAUSER, Marc D. y MCDERMOTT, Josh, «The evolution of the music faculty: a comparative perspective», *Nature Neuroscience*, 6 (7), julio de 2003, pp. 663-668.

5. Lo hemos encontrado anteriormente: véase la página 36 de este volumen.

6. BARBACCI, Silvana, «Processi di osmosi tra scienza e musica nell'epoca della rivoluzione scientifica», Jekyll.com, marzo 2003.

7. GALILEI, Galileo, *Discorsi su due nuove scienze*, 1638. En Internet: www.intratext.com/IXT/ITA0188/_P4.HTM

8. FISHMAN, Yonathan I. *et al.*, «Consonance and dissonance of musical chords: neural correlates in auditory cortex of monkeys and humans», *Journal Neurophysiololgy*, 86 (6), diciembre de 2001, pp. 2671-2688.

9. TRAMO, Mark Jude *et al.*, «Neurobiology of harmony perception», en *The Cognitive Neuroscience of Music, op. cit.*, p. 127 y ss.

10. FROVA, Andrea, *Armonia celeste e dodecafonia. Musica e scienza attraverso i secoli*, Bur, Milán, 2006, p. 316.

11. MCDERMOTT, Josh y HAUSER, Marc D., «Are consonant intervals music to their ears? Spontaneous acoustic preferences in a nonhuman primate», *Cognition*, 94 (2), diciembre de 2004, pp. B11-21.

12. El congreso, titulado «Neurología y música: de la percepción a la ejecución», lo organizó la Fondazione Pierfranco e Luisa Mariani.

13. BIONDI, Gianfranco e RICKARDS, Olga, *Il codice Darwin*, Codice, Turín, 2005, p. 162 y ss.

14. Entrevista de la autora a Josh McDermott coincidiendo con el congreso «Neurología y música: de la percepción a la ejecución» de Leipzig; KHAMSI, Roxanne, «Monkeys miss out on music», news@nature.com, 10 de diciembre de 2004.

15. COOPER, Melanie, «Moosic to their ears», NewScientist.com, 27 de junio de 2001. En Internet: www.newscientist.com/article.ns?id=dn930

16. S. A., «Love bites: Barry White is mood music for sharks», CNN.com, 14 febrero 2002. En Internet: archives.cnn.com/2002/showbiz/music/02/14/barry.sharks/index.htm

17. RANDERSON, James, «Dogs prefer Bach to Britney», NewScientist.com, 23 de octubre de 2002. En Internet: www.newscientist.com/article.ns?id=dn2962

18. HOWELL, Sue *et al.*, «A stereo music system as environmental enrichment for captive chimpanzees», *Lab Animal*, 32 (10), 2003, pp. 31-36.

19. Entrevista de la autora a Josh McDermott, *op. cit.*

20. HAUSER, Marc D. y MCDERMOTT, Josh, «The evolution of the music faculty», *op. cit.*

21. Ibídem.

Capítulo 5 – *Parole, parole, parole*

1. GRAY, Patricia M. *et al.*, «The music of nature and the nature of music», *Science*, 291 (5501), enero de 2001, pp. 52-54.

2. «I mille dialetti delle balene», *Le Scienze online*, 2 de enero de 2006. En Internet: www.lescienze.it/sixcms/detail. php3? template_id=&id=11689

3. UNGER, Katherine, «Loons change their tunes», *Science-NOW Daily News*, 23 de febrero de 2006.

4. O'CONNELL, Sanjida, «Songbird sonatas», *The Guardian*, 6 de abril de 2000. En Internet: www.guardian.co.uk/Archive/Article/0,4273,3982818,00.html

5. ROTHENBERG, David, *Por qué cantan los pájaros: un viaje al misterio de la música de la naturaleza*, Barrabés Editorial, Benasque, 2006.

6. CARREIRAS, Manuel, «Linguistic perception: neural processing of a whistled language», *Nature*, 433 (7021), 6 de enero de 2005, pp. 31-32.

7. GARDNER, Timothy J., NAEF, Felix y NOTTEBOHM, Fernando, «Freedom and rules: the acquisition and reprogramming of a bird's learned song», *Science*, 308 (5724), 13 de mayo de 2005, pp. 1046-1049.

8. Ibídem.

9. MILLER, Geoffrey, «Evolution of human music through sexual selection», en WALLIN, Nils L., MERKER, Biörn y BROWN, Steven (eds.), *The Origins of Music*, MIT Press, Boston, 1999, pp. 329-360.

10. Puede oírse en *streaming* en la dirección: www.st-andrews.ac.uk/~wtsf/IDontBelieveInEvolution.mp3

11. Entrevista de la autora a W. Tecumseh Fitch coincidiendo con el congreso «Neurología y música: de la percepción a la ejecución» de Leipzig.

12. FITCH, W. Tecumseh y HAUSER, Marc D., «Computatio-

nal constraints on syntactic processing in a nonhuman primate», *Science*, 303, 16 de enero de 2004, pp. 377-380.

13. Entrevista de la autora a W. Tecumseh Fitch, *op. cit.*

14. HAUSER, Marc D., CHOMSKY, Noam, FITCH, W. Tecumseh, «The faculty of language: what is it, who has it, and how did it evolve?», *Science*, 298, 22 de noviembre de 2002, pp. 1569-1579.

15. BROWN, Steven, «The 'musilanguage' model of music evolution», en WALLIN, Nils L., MERKER, Biörn y BROWN, Steven (eds.), *The Origins of Music*, MIT Press, Boston, 1999, *op. cit.*, pp. 271-301.

16. MITHEN, Steven, *Los neandertales cantaban rap*, Editorial Crítica, Barcelona, 2007

17. MILIUS, Susan, «Face the music. Why are we such a musical species –and does it matter?», *Natural History*, 110 (10), diciembre de 2001, pp. 48-57.

18. Entrevista de la autora a W. Tecumseh Fitch, *op. cit.*

19. SLOBODA, John A., *The musical mind, op. cit.*

20. SENGHAS, Ann, KITA, Sotaro y ÖZYÜREK, Asli, «Children Creating Core Properties of Language: Evidence from an Emerging Sign Language in Nicaragua», *Science*, 305, 17 de septiembre de 2004, pp. 1779-1782.

21. HAUSER, Marc D. y McDERMOTT, Josh, «The evolution of the music faculty», *op. cit.*

22. SLOBODA, John A., *The musical mind, op. cit.*, p. 49.

23. Ibídem, p. 53.

24. PATEL, Aniruddh A. y DANIELE, Joseph R., «An empirical comparison of rhythm in language and music», *Cognition*, 87 (1), febrero de 2003, pp. B35-B45.

25. KHAMSI, Roxanne, «Music mirrors tone patterns in our speech», news@nature.com, 11 de noviembre de 2004.

26. SCHWARTZ, David A., HOWE, Catherine Q. y PURVES, Dale, «The Statistical Structure of Human Speech Sounds Predicts Musical Universals», *Journal of Neuroscience*, 23 (18), 6 de agosto de 2003, pp. 7160-7168.

27. RAMUS, Franck *et al.*, «Language discrimination by human newborns and cotton-top tamarin monkeys», *Science*, 288 (5464), 14 de abril de 2000, pp. 349-351.

Capítulo 6 – Música para los más pequeños

1. Entrevista de la autora a Sandra Trehub coincidiendo con el congreso «Neurología y música: de la percepción a la ejecución» de Leipzig.
2. GLAUSIUSZ, Josie, «The genetic mystery of music», *Discover Magazine*, 22 (8), agosto de 2001. En Internet: www.discover.com/issues/aug-01/features/featmusic/
3. Entrevista de la autora a Sandra Trehub, *op. cit.*
4. TREHUB, Sandra E., «The developmental origins of musicality», *Nature Neuroscience*, 6 (7), julio de 2003, pp. 669-673.
5. TREHUB, Sandra E., THORPE, L. A. y MORRONGIELLO, B. A., «Organisational processes in infants' perception of auditory patterns», *Child Develop*, 58, 1987, pp. 741-749.
6. TREHUB, Sandra E., «The developmental origins of musicality», *op. cit.*
7. Entrevista de la autora a Sandra Trehub, *op. cit.*
8. Ibídem.
9. CHANG, H.W. y TREHUB, Sandra E., «Auditory processing of relational information by young infants», *Journal of Experimental Child Psychology*, 24, 1977, pp. 324-331; CHANG, H.W. y TREHUB, Sandra E., «Infant's perception of temporal grouping in auditory patterns», *Chid Develop*, 48, 1977, pp. 1666-1670.
10. TREHUB, Sandra E., «The developmental origins of musicality», *op. cit.*
11. TRAINOR, L.J., WU, L. y TSANG, C.D., «Long-term memory for music: infants remember tempo and timbre», *Developmental Science*, 7 (3), junio de 2004, pp. 289-296.
12. TREHUB, Sandra E., SCHELLENBERG, Glenn y KAMENETSKY, S.B., «Infants' and adults' perception of scale structure», *Journal of Experimental Psychology: Human Perception and Performance*, 25 (4), agosto de 1999, pp. 965-975.
13. TREHUB, Sandra E., «Musical predispositions in infancy», en *The Cognitive Neuroscience of Music, op. cit.*, p. 7 y ss.
14. SCHELLENBERG, E.G. y TREHUB, Sandra E., «Natural musical intervals: evidence from infant listeners», *Psychological Science*, 7, 1996, pp. 272-277.
15. TREHUB, Sandra E., SCHELLENBERG, E.G. y KAMENETSKY, S.B., «Infants' and adults' perception of scale structure», *op. cit.*

203

16. La anécdota la cita Steven PINKER en *Cómo funciona la mente*, Destino, Barcelona, 2007.

17. HANNON, Erin y TREHUB, Sandra E., «Metrical categories in infancy and adulthood», *Psychological Science*, 16, enero de 2005, pp. 48-55.

18. «Why North America is not a rhythm nation», comunicado de prensa de la American Psychological Society, 7 de febrero de 2005. En Internet: www.psychologicalscience.org/media/releases/2005/pr050207.cfm

19. SLOBODA, John A., *The musical mind*, op. cit., p. 309.

20. KISILEVSKY, Barbara, PANG, Li Hui y HAINS, Sylvia M.J., «Maturation of human fetal response to airborne sound in low- and high-risk fetuses», *Early Human Devevolpment*, 58 (33), junio de 2000, pp. 179-195.

21. «New Queen's University research proves fetuses hear at 30 weeks», comunicado de prensa de la Universidad de Queen, 31 de agosto de 2000. En Internet: qnc.queensu.ca/story_loader.php?id=3cd0ac129c4a6

22. Ibídem.

23. JONES, Nicola, «Babies' musical memories formed in womb», NewScientist.com, 11 de julio de 2001. En Internet: www.newscientist.com/article.ns?id=dn994

24. Entrevista de la autora a Sandra Trehub, *op. cit.*

25. Ibídem.

26. ROCK, A. M., TRAINOR, L. J. y ADDISON, T. L., «Distinctive messages in infant-directed lullabies and play song», *Developmental Psychology*, 35 (2), marzo de 1999, pp. 527-534; TREHUB, Sandra E. *et al.*, «Mothers' and fathers' singing to infants», *Developmental Psychology*, 33 (3), pp. 500-507.

27. BALTER, Michael, «Evolution of behavior: Seeking the key to music», *Science*, 306, 12 de noviembre de 2004, pp. 1120-1122

28. MASATAKA, N., «Preference for infant-directed singing in two-day-old hearing infants of deaf parents», *Developmental Psychology*, 35, 1999, pp. 1001-1005.

29. TREHUB, Sandra E., «Musical predispositions in infancy», *op. cit.*, p. 11.

30. BERGESON, T. R. y TREHUB, Sandra E., «Absolute pitch and tempo in mothers' songs to infants», *Psychological Science*, 13 (1), enero de 2002, pp. 72-75.

31. En el congreso «Neurología y música: de la percepción a la ejecución», celebrado en Leipzig en mayo de 2005.

32. TREHUB, Sandra E., «The developmental origins of musicality», *op. cit.*

33. SARAN, Jenny R., «Mechanism of music memory in infancy», en *The Cognitive Neuroscience of Music, op. cit.*, p. 35 y ss.

34 Ibídem.

35. BALTER, Michael, «Evolution of behavior», *op. cit.*

36. FALK, Dean, «Prelinguistic evolution in early hominins: Whence motherese?», *Behavioral and Brain Sciences*, 27, 27 de agosto de 2004, pp. 491-503.

37. Entrevista de la autora a Sandra Trehub, *op. cit.*

38. BUNT, Leslie y PAVLICEVIC, Mercédès, «Music and emotion: Perspectives from music therapy», en JUSLIN, Patrik N. y SLOBODA, John A., *Music and Emotion. Theory and Research*, Oxford University Press, Oxford 2001, p. 193.

39. DUNBAR, Robin, «Evolution of the social brain», *Science*, 302 (5648), 14 de noviembre de 2003, pp. 1160-1161.

40. CROSS, Ian, «Music, cognition, culture and evolution», en *The Cognitive Neuroscience of Music, op. cit.*, p. 52.

41. HURON, David, «Is music an evolutionary adaptation?», en *The Cognitive Neuroscience of Music, op. cit.*, p. 57 y ss.

42. HAGEN, Edward y BRYANT, Gregory A., «Music and dance as a coalition signaling system», *Human Nature*, 14 (1), 2002, pp. 21-51.

43. RAMUS, Franck *et al.*, «Language discrimination by human newborn and by cotton-top tamarin monkeys», *Science*, 288 (5464), 14 de abril de 2000, pp. 349-351.

44. HAUSER, Marc D. y MCDERMOTT, Josh, «The evolution of the music faculty», *op. cit.*

Capítulo 7 – Música directa al corazón

1. COHEN, Annabel, «Music as a source of emotion in film», en JUSLIN, Patrick y SLOBODA, John, *Music and Emotion, op. cit.*

2. BULLERJAHN, C., GÜLDENRING, M. y HILDESHEIM, U., «An empirical investigation of effects of film music using qualitative content analysis», *Psychomusicology*, 13, 1994, pp. 99-118.

3. BOLTZ, M., SCHULKIND, M. y KANTRA, S., «Effects of background music on remembering of filmed events», *Memory and Cognition*, 19,1991, pp. 595-606.

4. MÉRY, François-Joseph (Marsella, 1797 - París, 1866): periodista, poeta, libretista, novelista y dramaturgo.

5. CARNER, Mosco, *Giacomo Puccini, biografia critica*, Il Saggiatore, Milán, 1961, pp. 118-126.

6. NORTH, Adrian C., SHILCOCK, Amber y HARGREAVES, David J., «The effect of musical style on restaurant customers' spending», *Environment and Behavior*, 35, 2003, pp. 712-718.

7. BRIGGS, Helen, «Sweet music for milking», BBC News, 26 de junio de 2001. En Internet: news.bbc.co.uk/2/hi/science/nature/1408434.stm

8. NORTH, Adrian C., HARGREAVES, David J. y McKENDRICK, Jennifer, «In-store music affects product choice», *Nature*, 390, 1997, p. 132.

9. GUÉGUEN, Nicolas, «Effetto Chateaux Lafite», *Mente e cervello*, 19, enero-febrero de 2006, p. 4.

10. ABBOTT, Alison, «Music maestro, please!», *Nature*, 416 (6876), 7 de marzo de 2002, pp. 12-14.

11. SLOBODA, John A. y JUSLIN, Patrik N., «Psychological perspectives on music and emotion», en JUSLIN, Patrik N. y SLOBODA, John A., *Music and Emotion, op. cit.*, p. 82 y ss.

12. BRANCHI, Igor y SANTUCCI, Daniela, «Emozioni», *Dizionario della biologia*, dirigido por Aldo Fasolo, UTET, Turín, 2003.

13. DARWIN, Charles, *La expresión de las emociones en los animales y en el hombre*, Alianza, Madrid, 1984. Curiosamente, el título de la «primera versión italiana con consenso del autor», publicada en 1878, era *L'espressione dei sentimenti nell'uomo e negli animali* (La expresión de los sentimientos en el hombre y en los animales).

14. PERETZ, Isabelle, «Listen to the brain: a biological perspective on musical emotions», en JUSLIN, Patrik N. y SLOBODA, John A., *Music and Emotion, op. cit.*, p. 115.

15. SLOBODA, John A. y JUSLIN, Patrik N., «Psychological perspectives on music and emotion», *op. cit.*, p. 82 y ss.

16. Ibídem.

17. KRUMHANSL, Carol, «An exploratory study of musical

emotions and psychophysiology», *Canadian Journal of Experimental Psychology*, 51 (44), diciembre de 1997, pp. 336-353.

18. WHITFIELD, John, «Kids' got rhythm», news@nature. com, 4 aprile 2001. En Internet: www.brams.umontreal.ca/plab/research/dossiers_vulgarisation/brain_kids_got/brain_kids.htm

19. HEVNER, Kate, «Experimental studies of the elements of expression in music», *American Journal of Psychology*, 48, abril de 1936, pp. 246-268.

20. BALTER, Michael, «Evolution of behavior», *op. cit.*

21. FUKUI, Hajime y YAMASHITA, Masako, «The effect of music and visual stress on testosterone and cortisol in men and women», *Neuroendocrinology Letters*, 4 (4), junio-agosto 2003, pp. 173-180.

22. JACKSON, Melissa, «Music to deter yobs by», *BBC News Magazine*, 10 de enero de 2005. En Internet: news.bbc.co.uk/2/hi/uk_news/magazine/4154711.stm

23. SLOBODA, John A. y O'NEILL, Susan, «Emotions in everyday listening to music», en JUSLIN, Patrik N. y SLOBODA, John A., *Music and Emotion, op. cit.*, p. 415 y ss.

24. «Why music downloads have lost the X factor», comunicado de prensa de la Universidad de Leicester, 10 de enero de 2006. En Internet: www2.le.ac.uk/ebulletin/news/press-releases/2000-2009/2006/01/nparticle-wxc-b9c-7hd

25. ABBOTT, Alison, «Music maestro, please!», *op. cit.*

26. BLOOD, Anne J. *et al.*, «Emotional responses to pleasant and unpleasant music correlate with activity in paralimbic brain regions», *Nature Neuroscience*, 2, 1999, pp. 382-387.

27. BLOOD, Anne J. y ZATORRE, Robert J., «Intensely pleasurable responses to music correlate with activity in brain regions implicated in reward and emotion», *PNAS*, 98 (20), 25 de septiembre de 2001, pp. 11818-11823.

28. Ibídem.

29. PERETZ, Isabelle, «Listen to the brain», *op. cit.*, p. 113 y ss.

30. PERETZ, Isabelle, GAGNON, Lise y BOUCHARD, Bernard, «Music and emotion: perceptual determinants, immediacy, and isolation after brain damage», *Cognition*, 68 (22), 1998, pp. 111-141.

31. ALTENMÜLLER, Eckart *et al.*, «Hits to the left, flops to the

right: different emotions during listening to music are reflected in cortical lateralisation patterns», *Neuropsychologia*, 40, 2002, pp. 2242-2256.

32. JUSLIN, Patrik N., «Communicating emotion in music performance: a review and theoretical framework», en JUSLIN, Patrik N. y SLOBODA, John A., *Music and Emotion, op. cit.*, p. 309 y ss.

33. GOSSELIN, Nathalie *et al.*, «Impaired recognition of scary music following unilateral temporal lobe excision», *Brain*, 128, 7 de febrero de 2005, pp. 628-640.

34. Esta y las siguientes citas de Pinker proceden de PINKER, Steven, *Cómo funciona la mente*, Destino, Barcelona, 2007.

35. GLAUSIUSZ, Josie, «The genetic mystery of music», *op. cit.*

36. HURON, David, «Is music an evolutionary adaptation?», en *The Cognitive Neuroscience of Music, op. cit.*, p. 59.

Capítulo 8 – Es otro cantar

1. SACKS, Oliver, *Un antropólogo en Marte: siete relatos paradójicos*, Anagrama, Barcelona, 2009.

2. En Internet: www.twainquotes.com/archangels.html

3. HURON, David, «Is music an evolutionary adaptation?», *op. cit.*, p. 68.

4. «Why some see colours in numbers», *BBC News Magazine*, 24 de marzo de 2005. En Internet: news.bbc.co.uk/2/hi/health/4375977.stm

5. BAUDELAIRE, Charles, *Las flores del mal*, Alianza, Madrid, 2011.

6. RIMBAUD, Arthur, «Voyelles». En Internet: poetes.com/rimbaud/Voyelles.htm

7. FRANCIS, Ruth, «Synaesthete makes sweet music», news@nature.com, 2 de marzo de 2005.

8. COLLINS, Paul, *Not Even Wrong*, Bloomsbury, EE.UU., 2005.

9. ZIMMER, Carl, «Neuron network goes awry and brain becomes an Ipod», *New York Times*, 12 de julio de 2005.

10. ZIMMER, Carl, «Can't get it out of my head: brain disorder causes mysterious music hallucination», *The Sunday Tele-*

graph Magazine, 28 de febrero de 2004. En Internet: www.carl-zimmer.com/articles/2004/articles_2004_music.html

11. Royal College of Psychiatrists, «'Abide with Me' is most common musical hallucination», comunicado de prensa del 5 de marzo de 2004. En Internet: www.rcpsych.ac.uk/pressparliament/pressreleasearchive/pr524.aspx

12. BALTER, Michael, «What makes the mind dance and count», *Science*, 292 (5522), 1 de junio de 2001, pp. 1636-1637.

13. CROWDER, Robert G., «Perception of the major/minor distinction: 1. historical and theoretical foundations», *Psychomusicology*, 4, 1984, pp. 3-12.

14. AYOTTE, Julie, PERETZ, Isabelle y HYDE, Krista, «Congenital amusia: a group study of adults afflicted with a music-specific disorder», *Brain*, 125, 1 de febrero de 2002, pp. 238-251.

15. FRY, Dennis B., «An experimental study of tone deafness», *Speech*, 1947, pp. 1-7.

16. KALMUS, Hans y FRY, Dennis B., «On tune deafness (dysmelodia): frequency, development, genetics and musical background», *Annals of Human Genetics*, mayo de 1980, 43 (4), pp. 369-382.

17. PERETZ, Isabelle, CHAMPOD, Anne Sophie y HYDE, Krista, «Varieties of musical disorders: The Montreal battery of evaluation of amusia», *Annals of the New York Academy of Sciences*, noviembred de 2003, pp. 58-75.

18. HYDE, Krista y PERETZ, Isabelle, «'Out of pitch' but still 'in time'. An auditory psychophysical study in congenital amusic adults», *Annals of the New York Academy of Sciences*, 999, noviembre de 2003, pp. 173-176; HYDE, Krista y PERETZ, Isabelle, «Brains that are out of tune but in time», *Psychological Science*, 15 (5), mayo de 2004, pp. 356-360.

19. DALLA BELLA, Simone y PERETZ, Isabelle, «Congenital amusia interferes with the ability to synchronize with music», *Annals of the New York Academy of Sciences*, 999, noviembre de 2003, pp. 166-169.

20. FOXTON, Jessica M. *et al.*, «Characterization of deficits in pitch perception underlying 'tone deafness'», *Brain*, 127, abril de 2004, pp. 801-810.

21. SANDERSON, Katharine, «Tone deafness shows up in the

brain», news@nature.com, 26 de septiembre de 2006. En Internet: www.nature.com/news/2006/060925/full/060925-4.html

Capítulo 9 – El poder de la música

1. «Mental illness 'at the root of jazz'», *BBC News Magazine*, 10 de julio de 2001. En Internet: news.bbc.co.uk/2/hi/health/1430337.stm

2. La hipótesis se recoge en JABLOW HERSHMAN, D. y LIEB, Julian, *The Key to Genius: Manic Depression and the Creative Life*, Prometheus Books, Loughton, 1988.

3. La hipótesis se recoge en WEINSTOCK, Herbert, *Donizetti and the World Opera in Italy, Paris and Vienna in the First Half of the Nineteenth Century*, Pantheon Books, Nueva York, 1963.

4. La hipótesis se recoge en STORR, Anthony, *The Dynamics of Creation*, Ballantine Books, Nueva York, 1993.

5. VIGNA, Cesare, *Intorno alle diverse influenze della musica sul fisico e sul morale*, Milán, 1880.

6. VIGNA, Cesare, *Il manicomio centrale femminile di San Clemente. Memorie del regio istituto veneto di scienze, lettere ed atti*, Venecia, 1888. En Internet: www.pol-it.org/ita/letture2005-1.htm

7. Véase un resumen de algunos de estos eventos en GIAN-NICHEDDA, Maria Grazia, sin fecha, *Forum salute mentale*. En la web: www.forumsalutementale.it/segnali/txt_coleman. htm

8. Samuel 16,16.

9. Confucio, *Analectas: reflexiones y enseñanzas*, Círculo de Lectores, Barcelona, 1999. En Internet: classics.mit.edu/confucius/analects.mb.txt

10. HILLECKE, Thomas, NICKEL, Anne y VOLKER BOLAY, Hans, «Scientific Perspectives on Music Therapy», *Annals of the New York Academy of Sciences*, 1060, 2005, pp. 271-282; HILLECKE, Thomas, NICKEL, Anne y VOLKER BOLAY, Hans, «Outcome research in music therapy: A step on the long road to an evidence-based treatment», *Annals of the New York Academy of Sciences*, 1060 (1), 2005, pp. 283-293.

11. Expuesto en el congreso «Neurología y música: de la percepción a la ejecución» celebrado en Leipzig en mayo de 2005.

12. SHERTZER, K.E. y KECK, J., «Music and the PACU environment», *Journal of Perianesthesia Nursing*, 16, abril de 2001, pp. 90-102.

13. NILSSON, Ulrica, UNOSSON, M. y RAWAL, N., «Stress reduction and analgesia in patients exposed to calming music postoperatively: a randomized controlled trial», *European Journal of Anaesthesiology*, 22, de febrero de 2005, pp. 96-102.

14. MIGNEAULT, Brigitte *et al.*, «The effect of music on the neurohormonal stress response to surgery under general anesthesia», *Anesthesia and Analgesia*, 98 (2), febrero de 2004, pp. 527-532.

15. BARIL, Daniel, «La musique atténue la douleur», *Forum Université de Montreal*, 39 (16), 10 de enero de 2005. En Internet: www.iforum.umontreal.ca/Forum/ArchivesForum/2004-2005/050110/article4234.htm

16. MITCHELL, Laura, MACDONALD, Raymond y BRODIE, Eric E., «A comparison of the effects of preferred music, arithmetic and humour on cold pressor pain», *European Journal of Pain*, 10, mayo de 2006, pp. 343-351.

17. KULLICH, Werner *et al.*, «Music Therapy: Effect on pain, sleep and quality of life in low back pain», *Wiener Medizinische Wochenschrift*, 153 (9-10), 2003, pp. 217-221.

18. PHUMDOUNG, Sasitorn, «Music reduces sensation and distress of labor pain», *Pain Management Nursing*, 4 (2), junio de 2003, pp. 54-61.

19. BERNARDI, L., PORTA, C. y SLEIGHT, P., «Cardiovascular, cerebrovascular, and respiratory changes induced by different types of music in musicians and non-musicians: the importance of silente», *Hearth*, 92 (4), abril de 2006, pp. 433-434.

20. PUHAN, MILO A. *et al.*, «Didgeridoo playing as alternative treatment for obstructive sleep apnoea syndrome: randomised controlled trial», *British Medical Journal*, 332 (7536), 4 de febrero de 2006, pp. 266-270.

Capítulo 10 – El efecto Mozart

1. KOLATA, Gina, «Muddling fact and fiction and policy», *New York Times*, 8 de agosto de 1999. En Internet: query.nyti-

mes.com/gst/fullpage.html?sec=health&res=9F02E0DA1230F
93BA3575BC0A96F958260

2. Ho, Y.C., CHEUNG, M.C. y CHAN, A.S., «Music training improves verbal but not visual memory: cross-sectional and longitudinal explorations in children», *Neuropsychology*, 17 (3), julio de 2003, pp. 439-50.

3. COSTA-GIOMI, Eugenia, «Effects of three years of piano Instruction on children's academic achievement, school performance and self-steem», *Psychology of Music*, 32 (2), 2004, pp. 139-152.

4. RAUSCHER, Frances H. y ZUPAN, Mary Anne, «Keyboard Instruction Improves Kindergarten Children's Spatial Performance», *Research Bulletin, Center for Evaluation, Development, and Research: Phi Delta Kappa International*, 30, septiembre de 2001, pp. 7-10.

5. RAUSCHER, Frances H., SHAW, Gordon L. y KY, Katherine N., «Music and spatial task performance», *Nature*, 365, 1993, p. 611.

6. Por ejemplo: NANTAIS, Kristin M. y SCHELLENBERG, E. Glenn, «The Mozart effect: an artifact of preference», *Psychological Science*, 10 (4), 1999, pp. 370-373.

7. «Molecular basis for Mozart effect revealed», NewScientist.com, 23 de abril de 2004. En Internet: www.newscientist.com/article.ns?id=dn4918

8. Todas se encuentran en Internet: www.acs.appstate.edu/~kms/research/Steele.htm

9. RAUSCHER, Frances H., SHAW, Gordon L. y KY, Katherine N., «Listening to Mozart enhances spatial-temporal reasoning: towards a neurophysiological basis», *Neuroscience Letters*, 185 (1), 1995, pp. 44-47.

10. STEELE, Kenneth M., BASS, Karen E. y CROOK, Melissa D., «The mistery of the Mozart effect: Failure to replicate», *Psychological Science*, 10 (4), julio de 1999, pp. 366-369.

11. LARKIN, Mike, «Mozart Effect comes under strong fire», *The Lancet*, 354 (9180), 28 de agosto de 1999, p. 749.

12. RAUSCHER, Frances H. *et al.*, «Music training causes long-term enhancement of preschool children's spatial-temporal reasoning», *Neurological Research*, 19 (1), febrero de 1997, pp. 1-8.

13. RAUSCHER, Frances H., ROBINSON, K. D. y JENS, J. J., «Improved maze learning through early music exposure in rats», *Neurological Research*, 20 (55), julio de 1998, pp. 427-432.

14. PELUCCHI, Bruna, «Requiem per l'Effetto Mozart», *Le Scienze Web News*. En Internet: www.lswn.it/neuroscienze/articoli/requiem_per_l_effetto_mozart

15. CHABRIS, Christopher *et al.*, «Prelude or Requiem for the 'Mozart Effect'?», *Nature*, 400, 26 de agosto de 1999, pp. 826-827.

16. «Molecular basis for Mozart effect revealed», *op. cit.*

17. NANTAIS, Kristin M. y SCHELLENBERG, E. Glenn, «The Mozart Effect: an artifact of preference», *op. cit.*

18. THOMPSON, W.F., SCHELLENBERG, E. Glenn y HUSAIN, G., «Arousal, mood and the Mozart Effect», *Psychological Science*, 12, 2001, pp. 248-251.

19. SCHELLENBERG, E. Glenn y HALLAM, Susan, «Music listening and cognitive abilities in 10- and 11-year-olds: the Blur Effect», *Annals of the New York Academy of Sciences*, 1060 (1), diciembre de 2005, pp. 202-209.

20. Véase el sitio www.mozarteffect.com.

21. LINTON, Michael, «The Mozart Effect», *First Things*, 91, marzo de 1999. En Internet: www.firstthings.com/ftissues/ft9903/linton.html

22. CAMPBELL, Don, *El efecto Mozart: experimenta el poder transformador de la música*, Ediciones Urano, Barcelona, 1998.

213

Índice de nombres

A

Abba   15, 16, 172
Akiyama, Kayo   174
Albinoni, Tomaso   147, 188
Alejandro Magno   29
Allegri, Gregorio   53
Allen, Grant   162
Altenmüller, Eckart   170
Anaximandro   38
Areni, Charles   135
Aristóteles   30, 169
Asclepio   168
Aziz, Victor   158

B

Bach, Johann Sebastian   41,
   43, 44, 82, 114, 119, 138
Barrett, Syd   166
Bates, Norman   132
Baudelaire, Charles   156
Beach Boys   158
Beatles, The   13, 14, 15, 16, 134
Beethoven, Ludwig van   43,
   55, 82, 134, 135, 139, 158, 166,
   175, 176
Békésy, Georg von   48, 49

Benezon, Rolando   169
Bethune, coronel   154
Bizet, Georges   32
Blind, Tom   154
Blood, Anne   144, 145
Blur   188, 189
Boecio, Severino   39
Bolden, Charles *Buddy*   166
Brahms, Johannes   135
Britten, Benjamin   58
Broca, Pierre Paul   57, 58
Brown, Steven   94, 95
Bryant, Gregory   127
Bunt, Leslie   123

C

C.N.   63
Campbell, Don   189
Castel, Louis-Bertrand   157
Chabris, Christopher   186
Chatwin, Bruce   21
Chomsky, Noam   97, 98, 99,
   100, 111
Chopin, Frédéric   135
Coltrane, John   136
Conard, Nicholas   25

Confucio 169
Corti, Alfonso 45, 48, 49, 50
Costa Giomi, Eugenia 179, 180
Cross, Ian 124, 125

D
D'Agostino, Gigi 175
D'Arezzo, Guido 29
Darwin, Charles 33, 59, 77, 83, 87, 92, 96, 137
Debussy, Claude 100
Diderot, Denis 103
Dolden, Paul 173
Donizetti, Gaetano 166
Dunbar, Robin 126, 140

E
Eisenstein, Sergei M. 132
Elgar, Edward 100, 101

F
Falk, Dean 122
Fitch, Tecumseh 90, 91, 92, 93, 94, 96
Frova, Andrea 76
Fry, Dennis Butler 162
Fukui, Hajime 141

G
G.D. 62
Galilei, Galileo 36, 74, 75
Galilei, Vincenzo 36, 74
Geissmann, Thomas 95, 96
Gershwin, George 58, 155
Geschwind, Norman 162
Giacosa, Giuseppe 133
Glass, Philip 184, 185, 186, 187
Glausiusz, Josie 105
Grandin, Temple 154

Gratier, Maya 124
Gray, Patricia 85
Griffith, Tom 159
Grimm, hermanos 103
Guevara, Ernesto *Che* 160

H
Hagen, Edward 126
Hamelín, el flautista de 103, 104, 127, 128
Hammurabi 29
Händel, Georg Friedrich 43, 172
Hannon, Erin 110
Harrison, George 109
Hauser, Marc 76, 77, 78, 80, 128
Hendrix, Jimi 90
Henschen, Salomon Eberhard 164
Herrmann, Bernard 133
Hevner, Kate 140
Hitchcock, Alfred 132
Hitler, Adolf 123
Hoover, la foca 93
Hua Li, Hong 187
Huron, David 125, 126, 151

I
I.R. 43, 59, 145, 146, 147, 148, 160
Illica, Luigi 133, 134

J
Jámblico 34, 35
Jamiroquai 134
Janácek, Leoš 75
Jäncke, Lutz 156
Jonathan, el conejillo de Indias 64
Juan XXII 39

Juslin, Patrik 147

K
Kalmus, Hans 162
Kandinski, Vasili 156
Keaton, Buster 131
Kepler, Johannes 38, 39, 74
Kim, David 135
King Kong 96
King, Reginald 158
King, Stephen 186, 187
Kisilevsky, Barbara 114
Kleist, Karl 164
Kolinsky, Regine 147
Krumhansl, Carol 140
Kuhn, Thomas 17

L
Lamont, Alexandra 114, 115
Langlais, Jean 58
Leopardi, Giacomo 31
Luria, Alexánder 59

M
Marey, Jules 46
Marisol 108
Marley, Bob 82, 90
Maxwell, James Clerk 46
McDermott, Josh 76, 77, 78, 79, 80, 81, 82, 83, 128
Mendelssohn, Felix 135, 186, 187
Méry, François-Joseph 134
Metallica 82, 85
Miller, Geoffrey 90, 96, 125, 151
Miller, Zell 177
Mitchell, Laura 173
Mithen, Steven 95
Morricone, Ennio 132

Mozart, Wolfgang A. 44, 53, 87, 108, 119, 120, 133, 134, 135, 138, 142, 143, 154, 174, 178, 183, 184, 185, 186, 187, 188, 189
Müller, Johannes 45

N
Nietzsche, Friedrich 32
North, Adrian 134, 143

O
Odifreddi, Piergiorgio 35
Ohm, Georg Simon 34
Osmino 133, 135

P
Patel, Aniruddh 100
Pavlicevic, Mercédès 123
Peretz, Isabelle 56, 62, 63, 64, 138, 145, 146, 147, 148, 161, 162, 163, 186
Piesse, Septimus 157
Pink Floyd 134, 166
Pinker, Steven 149, 150, 151, 161
Pitágoras 34, 35, 36, 37, 38, 39, 47, 71, 73, 74
Platón 29, 30, 168
Porte, Pierre 173
Presley, Elvis 193
Proust, Marcel 46
Pseudo-Plutarco 30
Ptolomeo 39
Puccini, Giacomo 36, 133, 134

R
Rachmaninoff, Sergei 51
Rameau, Jean-Philippe 162

Ramus, Franck 101
Rauscher, Frances 180, 181,
    182, 183, 184, 185, 186, 187,
    189
Ravel, Maurice 58
Red Hot Chili Peppers 175,
    176
R.E.M. 134
Rimbaud, Arthur 156
Rimski-Kórsakov, Nikolái
    155
Rossini, Gioacchino 173
Rothenberg, David 87
Rousseau, Jean-Jacques 33
Roy, Mathieu 172, 173

S
Saffran, Jenny 119, 120
Salerio, Prosdocimo 167
Saúl, rey 168
Schellenberg, Glenn 108, 180,
    181, 182, 183, 187, 188
Schenker, Heinrich 100, 111
Schönberg, Arnold 18, 155
Schopenhauer, Arthur 32
Schubert, Franz 158, 188
Schumann, Robert 158, 166,
    167
Seashore, Carl 111
Seebeck, August 34
Shankar, Ravi 109
Shaw, Gordon 183, 186, 189
Shebalin, Vissarion 58
Simon and Garfunkel 134
Sinatra, Frank y Nancy 72
Skriabin, Aleksandr 157
Sloboda, John 97, 99, 111, 112,
    139, 143
Shostakovich, Dmitri 58, 124

Spears, Britney 82
Spence, Sean 166
Spencer, Herbert 33
Staël, madame de 31
Steele, Kenneth 184, 185, 186,
    187
Sterbini, Cesare 35
Sulston, Elizabeth 156
Supergrass 134
Susan S. 57
Sutoo, Den'etsu 174

T
Taibo II, Paco Ignacio 160, 161
Tan, señor 57
Tobino, Mario 168
Torrebruno 136
Toscanini, Arturo 124
Trainor, Laurel 118
Tramo, Mark Jude 76
Trehub, Sandra 104, 105, 106,
    107, 108, 110, 112, 115, 116,
    118, 119, 121, 122, 128, 140,
    150, 169
Turk, Ivan 67
Twain, Mark 154
Tymoczko, Dmitri 40

V
van Halen, Alex 155
van Sant, Gus 133
Verdi, Giuseppe 44, 167
Vigna, Cesare 167
Vitruvio 30
Vivaldi, Antonio 82, 175, 176
von Helmholtz, Hermann
    45, 46, 46, 47, 48, 49, 75

W

Wagner, Richard   32, 37, 73,
    108, 133, 157
Warner, Nick   158
Webern, Anton   176
Wernicke, Carl   57
White, Barry   81, 82, 83
Wilson, Brian   158

Y

Yamashita, Masako   141
Young, Thomas   46

Z

Zatorre, Robert   54, 135, 144,
    145, 150

ESTE LIBRO UTILIZA EL TIPO ALDUS, QUE TOMA SU NOMBRE
DEL VANGUARDISTA IMPRESOR DEL RENACIMIENTO
ITALIANO ALDUS MANUTIUS. HERMANN ZAPF
DISEÑÓ EL TIPO ALDUS PARA LA IMPRENTA
STEMPEL EN 1954, COMO UNA RÉPLICA
MÁS LIGERA Y ELEGANTE DEL
POPULAR TIPO
PALATINO

***
**
*

POR QUÉ NOS GUSTA LA MÚSICA
SE ACABÓ DE IMPRIMIR
EN UN DÍA DE OTOÑO DE 2011,
EN LOS TALLERES GRÁFICOS DE EGEDSA,
ROÍS DE CORELLA, 12-16, NAVE 1
SABADELL (BARCELONA)

***
**
*

4|15 0